JN418971

떨어지는 열매들은
뿌리를 향해 기억을 눕힌다

마루시 제1시집

떨어지는 열매들은
뿌리를 향해 기억을 눕힌다

마루시 제1시집

문학의전당

차례

김연종

김정원

박백남

이광복

이우림

이춘희

서문

마루는
가장 높은 곳이자
가장 낮은 곳이다.

우리는
가장 높은 곳에서도
가장 낮은 자세로
줄기차게 시작할 것이다.

그리고
다듬고 닦을 것이다.
치열하게.

2010 늦가을
마루시 동인

강진순

전남 나주 출생.

2005년 『공무원문학』과

『문학춘추』로 등단.

시집 『영혼의 심지를 돋우어』.

lovepoem67@hanmail.net

가천 다랭이 마을

설흘산 자락 따라
바다로 내려가는 중턱

조상 대대로
돌멩이 하나씩 주워내고
풀 한 포기씩 뽑아내어
논 만들고 밭 만들어
삶의 터전 이룬 곳

암수바위 우뚝 세워
천세 만세 대대로
끊어짐 없이 살고 싶은
소박한 꿈 세워 둔 곳

욕심도 벗어놓고
문명도 멀리하며
하늘의 뜻 좇아
오순도순 살아가는 곳

바다 물결에 떠밀려
설흘산으로 향하는 중턱

나주의 봄

밤마다 과수원 울타리 넘어
깜깜한 어둠 밝히러 마을로 향하는
수천 수만 송이 배꽃들

영산강 소리 없는 아우성이
노랗게 피어올린 새 희망
강변의 유채꽃들

논두렁 밭두렁 초록의 출렁임 잠재우려
날마다 풀을 뜯는
부지런한 누렁 소들

여기서 저기서 밀고 밀치고
날마다 올라오는 산야의 허연 삘기처럼
쑥쑥 자라나는 나주의 아들딸들

이 논 저 논 풍년 기원 논갈이
탈탈탈탈 트랙터 소리에
너울너울 춤추는 자운영 꽃들

듬성듬성 개나리 진달래 훑고 간 자리
벚꽃 궁전 세우는 금성산까지
만 리 밖이 환하다

뚜께*

큰아들 밑으로 아들 둘을 날린 부부는
아기를 낳을 때 솥뚜껑에 받으면 명命이 길다는 말을 믿고
솥뚜껑에 아이를 받았다.
그래서 그 아이는 어릴 적 마을 어른들이 모두 '뚜께'라고 불렀고
친구들 또한 그랬다.
몇 번의 죽을 고비를 넘기기는 했지만 뚜께는 솥뚜껑에 받아서 그런지
죽지 않고 무럭무럭 잘 자라주었다.
장성하여 학교를 졸업하고 취직하고 장가도 가서
자기를 쏙 빼닮은 아들을 셋씩이나 낳았다.
그런데 뚜께의 막내아들이 초등학교 입학하던 해
느닷없이 대장암 선고를 받았다
대장암 말기 선고는 뚜께보다 뚜께의 아내나 세 아들들보다
연로하신 부모에게 더 청천벽력이었다.
뚜께의 부모는 두 눈이 짓무르도록 눈물을 훔치며
비나이다. 비나이다. 천지신명님께 비나이다.
지발덕분에 효자 아들 대신 이 늙은 목숨을 거둬가십사.
날이면 날마다 빌고 또 빌었다.
천지신명도 감명했는지 다행히 뚜께의 수술은 성공적으로

끝나
죽지 않고 목숨을 연명했다.
그 후 부모의 극진한 보살핌으로
4년 넘게 그럭저럭 뚜께는 잘 살아주었다.
그런데 수술 후 5년이 되던 해에 뚜께는
암세포가 다른 장기로 전이되어
다시 입원과 퇴원을 거듭하고 생사를 넘나들며
1년 넘게 부모의 애간장을 다 녹이고는
결국 마흔다섯의 나이에 부모의 곁을 영원히 떠나고 말았다
세상천지 둘도 없는 효자가 불효자가 되어 떠났다
솥뚜껑에 아이를 받으며 무병장수 기원하던 부부의 간절한 소원이
산산이 부서지고 말았다.

*뚜껑의 전라도 방언

멸치들의 유언

멸치회 먹으러 남해에 갔다
멸치들의 유언만 듣고 왔네

내 고향 남해 푸른 바다
온가족 오순도순 행복하게 살다
어느 봄날 가족나들이 재미에 푹 빠져
지족해협 죽방렴에 갇힌 줄도 몰랐네

아무리 발버둥쳐도
빠져나갈 길이 없어
온가족 죽을 날만 기다리다
지족리 우리 횟집에 팔려왔네

머리 떼이고 내장 떼이고
거기에다 뼈까지 싸그리 떼이니
체구는 비록 작으나
뼈대 있는 가문에 태어난 것
일생의 낙으로 알고 살았는데
이보다 더한 죽음 어디 있을까

세상 사람들,
지금은 우리 온몸이 흐물흐물
만신창이 되어 이 세상 떠나지만
본시 뼈대 있는 가문의 자손이었음을
부디 잊지 마소서

동병상련同病相憐

사정이야 어찌 됐든
아들딸의 일주일을
혹은 한 달을
남의 손에 맡겨두고
주말이나 월말
하루 이틀 함께 보내며
날마다 마음으로만 함께 하며
전화통만 붙들고 눈물 훔치는
요즘 엄마들,
남의 둥지에 제 알 떨어뜨려 놓고
주위만 맴돌며
새끼의 성장 지켜봐야 하는
영락없는 뻐꾸기다

새로운 것들을 위해

대학 졸업할 때 오빠가 사준 정장
연애시절 신랑이 처음으로 사준 반코트
결혼식 앞두고 맞춘 값비싼 예복들
모두들 유행 지나고 크기도 맞지 않아
입을 수도 누구에게 줄 수도 없는데
장롱을 차지하고 들어앉아
오래도록 자리를 내놓지 않는다.

올해는 버려야지
내년엔 꼭 처치해야지
생각만 하다
막상 큰맘 먹고 장롱을 열면
소중한 추억이라며 사정하고
비싼 몸값 과시하며 버티고
언젠가 한 번쯤 쓸모 있을 거라며 애원하고

이 말 저 말 들어주다 보니
더 이상 새 것 들일 자리가 없다
이제는 정말 정리해야겠다.
새로운 것들을 위해 과감히
자리를 내주어야겠다.

역류

내 가슴속엔 큰 산이 들어 있다
멈출 줄 모르고 밤낮으로 타오르는
활화산

때때로 용암이 분출하여 식도까지 올라온다
목 안은 만날 쓰리고 입 안은 자꾸 마른다

이제는 그만 분출을 멈추고
백두산 천지처럼 맑고 푸른 물을
내 가슴에 담고 싶다

이팝나무

하루 종일 일하고도
빈손으로 돌아가는 길
눈요기라도 하라고 저렇게
하늘 향해 고봉으로 퍼 올렸을까

그림의 떡처럼
먹지도 못하는 흰쌀밥 올려다보며
가뭇없이 지나던 이십 년 세월
조그마한 궤짝 하나로 남았네.

달랑 옷 한 벌 넣은 궤짝 혼수로
흰쌀밥 많이 먹고
아들딸 낳고 잘 살라고
열아홉 딸아이 눈물로 보낸다.

에고, 에고,
이제는 눈요기마저 어려우니
내년 보릿고개는
어찌 넘을꼬?

김선자

전남 고흥 출생.
2007년 『창조문학』으로 등단.
ks0095@hanmail.net

참깨를 볶으며

정월 삼짇날
어머니와 함께 참깨를 볶는다
무쇠 솥의 불을 올릴수록
서캐 같은 참깨들이 변방으로 튄다
아홉 자식 키워내는 동안
단 한 번도 세상의 중심이 되어보지 못하신
어머니
주걱으로 무쇠 솥의 중심을 저을수록
무쇠 솥의 변방으로 더욱 세차게 튀는
참깨들
참깨를 볶는 동안 어머니는
진짜 참깨가 되고 싶으신 걸까
큰오빠 대학 등록금 대랴
병든 아부지 약값 대랴
분홍의 맨살이 잿간의 재가 되었던 어머니
오늘은 깨가 튀는 무쇠 솥 위에서
분홍의 깨꽃이 되고 싶으신 걸까
주걱으로 무쇠 솥의 중심을 저을수록
참깨들은 어머니의 노란 살갗이 되어
무쇠 솥의 중심에서
죽어라 함성을 질러대고 있었다

낙타 등만 보면 나는 올라타고 싶다

낙타 등만 보면
나는 올라타고 싶다
손전등을 켜고
밤의 산등성이를 오르고 싶다

밤의 산등성이는
낙타

산의 허리를 더듬으며
밤의 우듬지로 향하는 짐승처럼
나는 오늘밤도
낙타 등에 올라탄다

문득 저녁참보다 굵어진 나의 젖가슴
낙타 등에서
송전탑 하나가 身熱을 앓고

진저리치며
고열의 이부자리 속으로 1000V
고압 전류

건너가는 소리

낙타 새끼들이 탯줄을 끊고
밤의 산 속으로 사라지고

오래 켜둔 노트북 위로
밤새 켜켜이 내려앉는
낙타의 눈빛

낙타 등만 보면
나는 올라타고 싶다
낙타 등만 보면 나는 손전등을 켜고
밤의 산등성이를 오르고 싶다
밤의 사막을 건너가고 싶다

철쭉꽃 붉게 핀

고흥군 과역면 백일리 외백 741번지 가링개밭, 몇 해 전 누런 삼베옷 지어 입고 곱게 묻히신 아버지

그해 설날은 유난히 눈이 많이 왔다 내가 결혼한 해인데 남자 앞세우고 처음 찾아간 날 우리 막둥이 눈에 눈물 나게 하면 안 된다고 턱까지 차오르는 숨 참으며 막내사윗감 손을 오래오래 붙잡았다 보온메리 내복 입고 막둥이가 사다준 거라 참 따숩다고, 누에환을 한 주먹 삼키며 이 비싼 거를 사왔다고, 우리 막둥이가 우리 막둥이가 하며 얼굴을 쓰다듬던 그 손 낙엽처럼 바삭거리고, 내 떠나오던 날 아침, 담배 사 피우시라고 쥐어준 돈 되레 내 호주머니에 찔러 넣어 주시던 아버지, 마지막 모습임을 예감이나 하셨을까 마루에 앉아 꺽꺽 우시던 모습이 생생하다 두 다리 성치 않아 앉아만 지내신 세월이 40여 년, 그 앉은뱅이 세월 심근경색이라는 병명과 바꾸시고 더 이상 오지 못할 길을 떠나셨다 밤새 늙은 쇠찌르레기 한 마리 퍽도 많이 울어대더니

마지막 같이 마셨던 백포도주 사들고 아버지의 작고 둥근 집 앞에 앉았으나 바삭거리는 손도 목소리도 허공에 한 점 그리움으로 떠돌 뿐, 철쭉꽃 한 무더기만 붉게 피어 웃고 있다

물수제비

어느 여름 남대천에서
물수제비 뜨기 위해 집어든 조약돌 하나
거친 물살에
제 살 깎이는 아픔 견디며 살아온 세월
옹이만 가득 박힌 몸으로
이제는 숨이 차는지
걸을 때마다 쉼표를 찍는
어머니의 걸음

바람벽 우물

장마철 누렇게 얼룩져 너덜거리는
꽃무늬 벽지 들추어 본다
어머니의 몸에 퍼져 있는 암세포처럼
곰팡이가 온 벽면을 장악하고
얼마나 많은 번개가 쳐댔는지
한쪽이 쩍 갈라져 있다
항암제로 부르튼 어머니의 혈관처럼
구불구불한 벽의 수맥
언제부터 흐르다 마른 자국일까
우우 밤마다 울부짖으며
밑바닥까지 목마른 목젖을 빼보아도
방부제와 곰팡이로 가득한
어머니의 우물은 모래알갱이만 서걱거린다
어머니의 젖가슴처럼 말라비틀어진
수맥을 따라가면
먹구름에 반쯤 베어 먹힌 초승달로
사막 한가운데 홀로 서 있는 어머니
잡힐 듯 잡히지 않는 치맛자락
끝내 붙잡지 못하고
눈뜨는 새벽

벌레집처럼 아늑한 모래성 속에서
눈을 감을수록 환하게 피어나는 꽃무늬 벽지
그 속을 들여다보지 않고서야
어머니의 깊은 우물
모래만 가득한 줄 모른다

월정사 가다

푸른 산안개 몰고
월정사 오른다
계곡의 자궁마다
장마 끝물 흐르는 소리 세차고
물푸레나무 층층나무 고로쇠나무 우듬지가
범종소리보다 먼저
하늘에 가 닿는다
어디서 내달려왔을까
줄무늬다람쥐 한 마리 앞서 달려가
도토리를 주워 먹는다
나도 다람쥐를 따라
초콜릿 하나를 꺼내 먹는다
높은 산 오를수록
더 가벼운 다람쥐의 중량
높은 곳에 살다보면 나도 다람쥐처럼
가벼운 중량이 될 수 있을까
비탈로 흐르는 다람쥐의 중량을 따라
나도 몸의 중량을
월정사 비탈로 흘려본다

환한 상처

벽이 못에 찔려 있다
이삿짐 싸느라 액자들 모두 떼어내자
벽이 움찔한다
상처를 안고 있는 것들은 도무지 말이 없는지
자궁 속에 암을 키우다 마지막 가는 길
어린 자식 앞에서 끝내 울지 못하고
가슴만 꽝꽝 치던 어머니
못에 찔려 철철 피가 나는데도
이 앙다물고 버티고 있다
벽은 제 몸에 박힌 못을 다 뺄 때까지도
악, 소리 한번 지르지 않는다
벽은 지금 살신성인 중이다
또 다른 상처를 안기 위해
둘러보는 텅 빈 반지하 단칸방에
환한 상처들이 가득하다

동작대교를 지나다

촉촉한 아침햇살이 물안개 사이를 헤치며 내려앉는다 물오리 떼들이 반짝이는 강 비늘을 벗기며 자맥질한다 공복이 쓰리다 동작대교 밑에 성난 물고기들이 심장을 뜨겁게 달구고 지느러미를 팔딱거리겠지 성냥개비처럼 성수대교가 부러져 앉던 그날 수면 위로 곤두박질치던 사람들의 아우성 물이 저리 먹빛인 것은 그 멍든 피가 흐르기 때문일 터 난간 틈새를 빠져나간 빗살무늬 햇살들이 수면 위에서 동백꽃으로 피어나고 탈출을 감행하던 사람들은 오늘도 수직 하강을 거듭하고 있다 전철이 철컥거릴 때마다 아침 식사를 끝낸 물오리 떼들이 풀리지 않는 의문부호로 다리 위를 향해 비상한다 졸음을 끝낸 얼굴, 흔들리는 수련 한 떨기

김연종

전남 광주 출생.

2004년 『문학과경계』로 등단.

시집 『극락강역』.

medirac@hanmail.net

유비쿼터스

죽음도 삶처럼 일사천리다
예기치 못한 한 죽음이
택배처럼 영안실로 배달된다
죽음의 방식에 대해서 상주는 묻지도 않고
삐라를 뿌리듯 죽음을 대량 살포한다
부음을 전송받은 수많은 삶들이
허겁지겁 지갑을 살피며 영안실로 들어선다
유니폼 같은 조화들이 일렬로 서서
죽음을 향해 안내하고 있다
아무리 둘러봐도
죽음은 보이지 않고
삶의 이력서만 요란하다
근조용 신용카드로 방명록에 서명한 삶이
잠깐 죽음과 조우한다
명함을 교환하듯 서로 메일을 확인하고
각자의 네트워크로 바삐 떠난다
삶은 삶끼리
죽음은 죽음끼리 재접속한다
삶도 죽음처럼 일사천리다

연명치료 중단을 告함

나는 죽음을 찬미하는 것이 아니다
목숨을 담보로
삶의 고통을 덜어내고자 함도 아니다
그저 마지막 길을 당당하게 걷고자 함이다
이제 모니터로는 남은 생을 기록할 수 없으니
내 몸에 부착된 고통의 계기판을 제거하고
가장 편안한 단추의 상복을 부탁한다
덩굴식물처럼 팔을 친친 감고 있는 링거줄
산소처럼 고요한 인공호흡기
울음 섞인 미음을 받아 삼키던 레빈튜브
충전이 바닥 난 심장을 감시하느라
한시도 모눈종이의 눈금을 벗어나지 못한
심전도 모니터링을 모두 제거해 주기 바란다
일체의 심폐소생술 또한 거부한다
사유의 파동이 사라진 육신의 신호음은
한낱 기계적 박동일 뿐이니
에피네피린과 도파민의 사용을 원치 않는다
기계의 호흡과 심박동은 이미 어긋났으니
심장마사지는 사양한다
썩은 육신을 인수해 갈 가족과

상한 영혼을 거두어 갈 神과 조우의 시간,
내 죄 값을 흥정하는 비굴한 모습을 원치 않으니
침대 주변을 말끔히 정리해 주기 부탁한다
이제 종언을 告하노니,
여태껏 밀린 치료비와 남은 죄 값은
저당 잡힌 내 생의 이력서에 함께 청구해주기 바란다

독백

– 도대체 숨이 멈추질 않네요

– 호흡중추가 기억을 되찾았나 봐요

– 그러기에 진즉 호흡기를 뗐어야죠

– 그동안 갑갑해서 죽을 뻔했잖아요

– 오늘 아침, 드디어 죽음의 예배가 시작되었어요

– 목사님은 무엇을 위해 기도할까요?

– 하느님도 죽을 때를 모르시나 봐요?

– 그러니 예배를 마치고도 이렇게 숨이 멎질 안 잖아요

– 호흡기를 떼고 나니 무척 홀가분한데 세상은 온통 난리가 났더군요

– 존엄하게 죽을 수 있는 첫 번째 행운을 내가 거머쥐었다고 야단법석이데요

– 내 눈물을 두고 모두 다 호들갑을 떠는 모양인데 언제부터 내 눈물에 대해 그렇게 관심이 많았죠

– 눈물샘이 막혔다가 숨통이 트여 조금 흘러내린 것뿐인데 꼭 내가 죽기 싫어 발버둥친 것처럼 대서특필했대요

– 당신들 이야기 다 들었어요

– 이 한 몸 빨리 거두어 가야 현명한 판결에도 영이 서고 그동안 치료에 대한 노고도 인정받고 무엇보다도 눈물을 글썽이며 기도하던 가족들의 체면도 살려줄 텐데 말이죠

– 아, 글쎄 죽기가 쉽지 않네요

– 아무래도 죽음은 타협이 아니라 숙명인가 봐요

– 의사들은 지독한 숙명론자라 들었는데, 이젠 정말 아무도 못 믿겠어요

– 운명에 기대는 수밖에요

– 한 숨 자고 나면 세상이 조용해질 텐데 도무지 잠이 오지 않네요

– 링거액에 수면제나 좀 섞어 주세요

– 인터뷰는 사절이에요

반성

– 솔직히 잘 모르겠어요
– 어디서부터 잘못되었는지 그리고 무엇이 문제인지
– 당신과 한마디 상의도 없이 섣부른 판결에만 의존한 것이 잘못이겠죠
– 영혼의 무게는 단지 21그램이라는 말만 믿고 오직 첨단기기에 의존하여 그 무게로 바벨탑을 쌓으려 했던 게 문제겠죠
– 사람이 사람의 운명을 결정하는 것이 얼마나 어리석은 짓인지 또 얼마나 큰 죄악인지 조금은 알 것 같아요
– 호흡기를 떼려는 순간 나도 무척 떨렸어요
– 산소처럼 끓어오르는 마지막 숨을 단번에 거두어 가는 것도 두려웠구요
– 거추장스러운 기기들을 비웃으며 편안하게 숨을 고르는 것도 두려웠어요
– 오늘도 당신의 모습을 똑바로 쳐다 볼 수가 없어요
– 더욱 평온해진 얼굴과 차분해진 숨소리를 보면서 그동안 내가 바랐던 게 무엇이었는지 생각하면 온몸에 소름이 돋아요
– 변명만 잔뜩 늘어놓으며 언론에 읍소한 모습은 너무 초라하구요

– 곤히 잠든 당신 곁에서 아무 조치도 할 수 없는 내 자신을 생각하면 더욱 곤혹스러워요

– 진정으로 당신을 안락하고 존엄하게 하는 게 무엇인지 꼭 한 번 묻고 싶어요

– 당신은 이미 속마음을 밝혔지만 그래도 한마디만 귀띔해 주면 안 될까요?

– 이제 당신의 운명은 어떻게 되는 건가요?

– 아니, 미안해요

– 잠깐 또 내가 딴 생각을 품었어요

– 정말 죄송해요

– 안녕히 주무세요.

〈존엄사와 안락사〉의 관점에서 주어진 지문을 분석하고 가장 소신 있는 의료행위를 행한 의사를 고르시오

代數代命

고깔 같은 마스크를 뒤집어쓰고
양 날개를 퍼덕인다
항암 스케줄을 모두 마치고 나자
탈모한 벼슬이 솜처럼 푹신하다
유체이탈한 붉은 닭볏이
심장처럼 뛰고 있다
수술용 로봇이
닭똥 같은 몽우리를 들어내자
탁란의 둥지를 떠난 폐계 한 마리
식물처럼 봄볕을 게워내고 있다

1) 단지 노환이라는 병명이 붙은 임종이 임박한 환자에게 일체의 심폐소생술을 거부하고 주기도문만 반복적으로 외워대는 중환자실의 내과의사

2) 아버지가 누구인지 알 수 없다는 10대 미혼모의 처지를 고려해 태몽을 경험한 임신 20주의 산모에게 보호자 동의 없이 소파수술을 감행한 산부인과 의사

3) 죽는 게 소원이라 되뇌는 불면증 환자의 소원을 진지하게 경청하고 수면제를 죽음의 명약이라고 처방하여 실제로 음독자살을 감행한 우울증 환자에게 면담을 요청한 정신과 의사

4) 소극적 안락사에 만족하지 않고 호스피스병동의 말기암 환자들을 직접 찾아다니며 환자의 고통을 덜어주기 위해 펜토바비탈을 정맥주사한 통증의학과 의사

자연과 안락 그리고 동의에 관한 시퀀스

#3
그들은 쉽게 동의했다
부계불확실성을 믿고 있는 남자가
잠깐 망설였지만
그 믿음 때문에 또 쉽게 승낙했다
막힌 하수구를 뚫듯 틔우지 못한 生을 긁어냈다
착상하지 못한 붉은 씨앗들은 어디로 쓸려 갔는지
수선비용을 지불하자마자
수돗물처럼 생리가 되돌아왔다

#2
그들은 선뜻 결정하지 못했다
의뢰인과 킬러 사이 폭력적인 결합엔
팽팽한 밧줄 대신
느슨한 링거줄이 놓여 있을 뿐이다
포기각서처럼 봉인된 봉투를 교환하고
영혼을 위한 안락을 정맥주사하자
데드마스크를 쓰고 있는 결연한 표정의 의뢰인은
악착같이 산소를 흡입하고 있다

#1

그들은 잠시 숙연했다
호상이라는 그 한마디에
아무도 망자에 대해 묻지 않았다
잠깐 묵념하듯 영정사진과 눈을 맞추고는
서둘러 자리를 떴다
상주와 눈을 맞추지 못한 조문객들만
밤새도록 화투패를 뒤집었다
굳은 표정의 화투패처럼 그들은
서로 닮았거나 또 확연히 달랐다

그녀가 출렁거린다

청진기의 초점을 맞춘다 흐린 초점의 눈이 출렁거린다 죽으려고 3일 동안 굶었지만 배가 고파 견딜 수가 없었어요 죽음 앞에서 삶은 늘 허기진 법 날마다 비워낸 생의 무게는 공복처럼 가볍지만 때론 고인돌처럼 오목 가슴을 압제한다 아파트 창틀에 세 시간 동안이나 매달려 있었는데 너무나 무서워 뛰어 내릴 수가 없었어요 추락하는 새들의 평안한 죽음 앞에서 납작 엎드린 인간의 生은 얼마나 보잘것없는 공포인가 사치인가 치사량의 알약을 주세요 낯선 적막이 둘 사이 안개처럼 흘러가고 나는 그녀에게 수면제를 처방해 주었다 그녀의 검은 얼굴엔 붉은 꽃이 환하게 출렁거리고 있었다

그린 장례식장

늘 푸른 신호등처럼
그곳에 정지선은 없다
레퀴엠이 행진곡처럼 흐르고
진동의 휴대폰이 주머니 안에서 훌쩍거린다
잘 데워진 슬픔 한 덩이
돼지 머리고기 곁에 납작 눌려있다
여지껏 살아온 치부의 날들만
채반에 차륵차륵 쌓여간다
늙은 상주 과부 며느리와 50년을 함께 살다
돼지 머리처럼 서로 닮아버린
구순 보살의 저 들창코,
한번 벌름거릴 때마다
새우젓 비린내가 구두코를 찌른다
하루를 삭힌 발 냄새와 한 생을 꽃 피운 국화향 사이에서
잠시 망설이다 향을 지핀다
아무 상관도 없는 국화꽃들이
제 몸의 향을 꺾어 분향하고 있다
푸른 이파리 사이로
제 삶의 무게만큼 피어오르는 각각의 향
한 치 흐트럼 없는 꽃들의 합창
초록으로 불타는 봄밤의 레퀴엠

김정원

전남 담양 출생.

2006년 『애지』로 등단.

시집 『꽃은 바람에 흔들리며 핀다』 『줄탁』 『거룩한 바보』.

moowi21@hanmail.net

피라미드

걷
는사
람위에
자전거탄
사람,그위에
자동차탄사람,
그위에비행기탄
사람,그막다른벼랑
끝에서공멸의나락으로
추락하는가속도는문명의
고도에정비례하는,미라의집

꽃샘추위

버들가지 꺾어놓고
떠나는 그가
강 저편에서 뒤돌아본다

어서 가라고 손사래 치며
눈물로 강물을 덧보태는
여자의 정수리에 흰 눈이 모질다

개구리밥

벌써 서른 해가 훌쩍 지났다
바짝 뒤따라오는 발자국들 뿌리치고
새하얀 고향의 언덕배기 넘던 날

어디로 가든지 몸 성하고
배곯지 않는 곳이 네 집이란다

어머니 말씀 붙들고
난시청 지역 안테나처럼
씨알 여문 회귀심의 촉수들이 웃자랄 적마다
푸석푸석한 도시도 정들면 고향 아닌가,
푸념으로 위안하며 발자국도 없이
인파의 흐름에 몸을 맡긴 채
더욱더 악착같이 뿌리내려 보지만
정으로는, 배부름으로는 끝끝내
고픈 마음의 밑바닥에 닿지 못하여
찬바람 부는 이 밤도 휘휘하게
낯익은 낯선 거리를 떠돈다

억지로 나이를 먹이다*

자고 일어나면 새 자동차들이
다투어 거리를 달린다

십 년 된 자동차는 고물,
이십 년 된 자동차는 골동품 취급을 받는다

오십 년 묵은 철학자가
장난감 같은 티코를 타고 다니다
길 한가운데서 멈춰선 날
정비소에 끌고 가 고치려고 하는데
부품이 없다

새 제품을 내면서
옛 부품 생산을 중단한 것이다

폐차할 수밖에 없듯
지혜의 지난날로 이어지는 다리를 끊고
안정–변화–전통 사이 균형을 깨며
공유한 기억을 뿌리 뽑는 사회는
소름 끼치게 그 종말도 재빨리 달려올 터

함께 일하고 서로 보살피면
푸른 별에 낮게 드리워진 먹구름 걷히고
메마른 우리도 다시 촉촉해지지 않을까
'지구를 살리자' 는
터무니없는 구호를 외치지 않더라도

* '인위적 노후화' 를 시적으로 표현한 것이다. '인위적 노후화' 란 신제품을 내놓으면서 구형 제품의 유지 관리에 필요한 부품 생산을 중단하는 방법으로 구형 제품을 버릴 수밖에 없도록 하는 것을 말한다. 『이반 일리치와 나눈 대화』(물레)에서.

부조리극

느닷없이 소나기가 쏟아진다
숨 막힌 지렁이가 검은 직선의 사선
도로 위로 기어오른다

다시 불볕이 내려쬔다

곰지락거리다 객사한 붉은 주검
복사열에 달궈진 거대한 튀김판 위
저 왜소한 불고기볶음을
개미 떼가 몰려와 다투어 뜯는다

서산에 향기롭게 농익은
붉은 조명이 나가고 검은 막이 내린다
마른번개 한 번 치는 일 없이

정말 이래도 되는가

사방 둘러봐도 차갑고 텅 빈
캄캄한 무대는 대답 한마디 없고
끝이 보이지 않는 가혹한 형벌처럼

하늘 없는 공간, 깊이 없는 시간과 싸우는,
동그라미를 그리며 달음박질하는 우리 삶이
희망이 없기에 절망하지 않고
구원이 없기에 포기하지 않으며
의미가 없기에 의미가 있는 것인가

언제나 모두가 들리게 말하지 않는 하늘에
어린 개밥바리기별이 첫 빛문을 열고
오래된 허공을 아장아장 걸어 내려온다

마삭줄

매우 경건하게 보이는 목사에게
한 백인이 물었다
"인디언을 죽여도 죄가 되지 않을까요?"

목사가 대답했다
"인디언이 사람이면 죽이지 말고
짐승이면 죽이시오."

목사의 말이 떨어지기 무섭게
백인들이 닥치는 대로
인디언을 사냥하듯

불태우기 시작했다
용산에 뿌리내리려는 철거민 한 무리를,
절벽에 언 마삭줄 같은

인디언은 사라지지 않았고
마삭줄도 더욱 깊이 뿌리내려
윤기 나는 새싹을 틔울 것이다

모진 한겨울 딛고
절벽이 절벽에게 내준
따뜻한 틈에서, 틈으로

차이

병풍산 옹달샘에서 물을 떠 마시다 생각한다
물과 H_2O는 다르다고,
이 물 한 잔을 하느님께 바치듯
수돗물을 조상께 바칠 수 없는 노릇이라고,
오염한 물을 화학약품으로 정화한 H_2O를
정성껏 떠놓고 기도하는
어머니는 이 땅에 없다고

어느 한 가지도
어느 한 사람도
다른 아무것으로도 대체할 수 없는
독특한 인격자인 인간이
부품으로 구성된 기계나 로봇과 다르듯
물과 H_2O 또한 다르다고,
병풍산 옹달샘에 비친 나를 들여다보며 반성한다

사시나무

버스가 덜컹덜컹 달린다
바람이 가로수를 흔들고
패인 길바닥이 차를 흔든다
흔들리지 않으려고
새들은 나무를,
나무는 땅을,
나는 손잡이를 움켜쥔다

흔들리는 것들은
흔들리지 않는 중심을 붙잡으려고
더욱 흔들리는 존재들
흔들리면서 흔들리면서
새 떼는 사뭇 가볍게 풍기고
나무는 한층 위로 뻗으며
사람은 한 걸음 앞으로 나가는 것

누가 앓는 사랑을 발열하는가
바깥바람이 뜨겁다

박백남

전북 고창 출생.

1997년 『문학사상』으로 등단.

시집 『석류꽃엔 눈물샘이 있다』.

pbnpj@hanmail.net

소금

백발의 사내가 야생의 바닷물을 염전에 가두고 있다

바닷물은 어쩐 일인지 숨죽이고 고분고분하다 햇살은 이런 싱건 놈, 물낯을 찰싹 때린다 바닷물이 하얀 이를 앙당 물고 스크럼 짜기 시작한다 스크럼 짠 어깨가 보도블록처럼 단단하다 그럴수록 햇살은 얼굴 붉히며 최루탄 쏘듯 불창을 던진다 불창이 물낯에 부딪칠 때마다 최루분말 뒤집어 쓴 바닷물은 흩어지기 시작한다 달아나는 바닷물의 몸과 마음이 칼날처럼 날 선다

전투가 끝난 현장엔 전사자들이 더미로 쌓여 있다 그것을 삽으로 치우는 노인, 그의 등줄기에 땀이 흐른다 젖어드는 옷, 땀절은 옷이 소금빛으로 변한다 소금과 함께 파김치가 다 된 노인은 귀갓길을 서두른다 길이 환하다

마당에서 노파가 조선파를 다듬어 양푼에 넣는다 노인이 건네준 소금을 뿌리고 물을 약간 친다 물을 만나자 소금은 바다로 살아난다 시간이 흐른 후 양푼 속의 바다를 찍어 맛본다 입안에 소금의 생피가 돈다

백발성성한 노부부가 소금처럼 흰 쌀밥과 파김치를 먹는다 두 숟가락이 힘겨운 듯 잔물결로 파르르 떤다

한때는 치렁치렁한

아침 일찍 오늘 꼭 할 일을 초록색 포스트잇 써서 벽에 붙인다.

점심 먹고 물뿌리개를 들고 화분에 물을 준다. 초록 이파리들이 좋아라 붉은 꽃 헹가래치고 있다. 물을 알맞게 치는데 포스트잇만 한 잎새 하나 한순간에 툭, 떨어진다. 생긴 것은 새파란데, 저런! 생명 하나 떨어지네. 만져 보니 갓 구워낸 김처럼 바삭바삭하다. 죽은 것이 절묘하게 세상을 속이다니! 그때 내 머리에서 머리카락 하나 떨어져, 떨어진 초록 이파리에 사뿐 내려앉는다. 한때는 치렁치렁한 생이었던 것들.

벌레 먹은 감

마당가 감나무 푸른 감들 속에서
어머니 황토빛 얼굴 같은 감 하나
좀 더 살아야겠다는 듯
한 세상 끙끙 붙잡고 있었네

비바람 저승사자같이 갑자기 몰아치고
마당가 두엄 썩는 냄새
이상하게 향긋한 그날
지병으로 돌아가신 엄니같이
감 하나 그만 숨 놓아 버렸네

감 떨어진 자리에
청시 같은 하늘
모른 척 파랗게 매달려 있네

대우주를 흔드는 소우주

호숫가 풀잎 위에 나비처럼 앉는다

물 위엔 아침 햇살만 자지러지고
바람 한 점 없다
참새 한 마리
오리나무에 앉았다가
나뭇잎 가볍게 차고 날아오른다
그때, 참붕어 한 마리
햇살의 지느러미를 물고
흔든다 햇살은 깜짝 놀라
참새 뒤를 쫓아 하늘로 날아 오른다
순간, 나뭇잎에서
이슬 방울 떨어져
알몸으로 첨벙, 호수 속으로 뛰어든다
고요가 파르르 떤다

풀잎 타고 올라온 흑개미 한 마리
내 발목을 세차게 물어뜯는다
깜짝 놀라 나비처럼 날아오르며
정수리로 하늘을 받는다

나와 하늘이 함께 출렁거린다
몸과 정신이 송두리째 흔들린다

다시 호숫가 풀잎 위에 나비처럼 햇살 사뿐 내려 앉는다

.

포도밭에서

여름밤을 밟습니다.
이글이글 타오르는 포도鋪道 밟으며
포도밭으로 들어갔습니다.
청포도가 산사람을 확인하고
반갑게 아는 체합니다.
포도알 하나 은근살짝 입에 뭅니다.
하얀 치아가 치악산 까치처럼 날아가
포도葡萄알에 부딪칩니다.
포도알이 깨집니다.
푸른 방울소리가
맑은 물에 청물감 풀어지듯
입 안에서 풀어집니다.
그 푸르름 속에 햇볕 한 알
사알짝 단물로 터집니다.
나는 그만 아찔해져서
포도나무 한 그루로 그만 서 있습니다.

꽃피는 다북쑥

낭창낭창한 목소리로 책을 읽고 있었네

누굴까, 나의 생각은 들개처럼 소리를 쫓네
신선한 공기를 가로질러 그늘 지나
마악 꽃피는 다북쑥에 당도하네
누군가에게 들키고 싶지 않은
쑥스러운 거친 숨소리 문득 듣네
그 붉은 자줏빛 꽃향기에 은밀히 숨어서
꽃잎같이 가녀린 어깨
다독거리는 바람 만나네

다독다독
생명을 읽고 있는 나는
참으로 황홀경이네
들뜬 생각 이제야 자리를 잡네

텅 빈

죽순 속은 꽉 차있다 커가면서 속이 빈다 속 빈 놈 소리를 듣는다 어둠이 텅 빈 이른 아침에 대숲에 가서 대나무를 잡았다가 놓는다 대가 휘면서 하늘을 잡아당겼다 놓는다 대가 비잉신 소리를 낸다 원통형 대나무를 붙잡고 둥글게 살지 못하고 날 세워 산 세월, 병신 같은 나는 원통 원통해서 운다 대나무도 나 따라 속울음 운다 이상하게도 그 울음소리 참으로 맑고 청아하다 울음소리 따라서 대통 속으로 들어간다 이 텅 빈 세상, 온갖 탐심 비우는 게 얼마나 힘들던가 대나무는 얼마나 수도했으면 이처럼 비었을까 생각한다 벽을 보니 고막처럼 얇은 막, 때 묻지 않은 원시의 막이 있다 이 텅 빈 우주 속에 앉아 있으니 문득 하늘바람 소리가 들린다 七星사이다보다 청량하다 내 마음 텅텅 비어만 간다

똥꽃

고약한 냄새를 맡자마자
황급히 피한다
누가 똥을 싸 놓은 것이다
들판에
야생화 두엇 피어있고
들풀 사이에 핀 똥꽃
햇살이 환하게 웃으며
들꽃을 만졌다가
똥꽃을 만졌다가 한다
그 손으로 내 머리를 쓰다듬는다
머쓱하다

이광복

충북 영동 출생.

2003년 『전북중앙신문』 신춘문예로 등단.

lkbbkl@hanmail.net

달걀 得을 하다

면벽 21일

벽이 문이었다.

문틈을 비집고 들어온 바람이
멱살을 잡고 흔들어
탯줄 끊어진 배꼽에서
울음이 왈칵 쏟아졌다

문을 열자 한 줄기 빛이
눈동자 속에서 어둠을 퍼내자
날갯죽지의 깃털이 무거워지고
발바닥에서 길들이 티눈처럼 자라났다

문밖이 벽이었다.

벽이 벽을 낳고 있었다.

바닥을 친다는 것은

상수리나무 높은 가지 끝
허공의 벼랑에 매달린 열매 하나
바람에 등 떠밀려 툭!
떨어진다
내동댕이치듯 바닥에 부딪치는 절망의 속도로
사내 하나
늦은 밤 지하도 찬 바닥에 몸을 붙인다
신문지 몇 장에 묻힌 웅크린 조각 잠 속으로
알코올에 젖은 해가 지워진다

바닥을 친다는 것은
껍질을 깨트리는 일
깨진 껍질의 틈새로 손을 내보이는 일
그리하여 그 손으로
열매라는 이름을 지우고 씨앗이라는 이름
제 가슴에 새겨 넣느라 밤새 뒤척일 때면
지하도 흐린 불빛이 얼룩으로 엉겨 붙은
양복 등짝 터진 솔기 사이
흰 와이셔츠가 누렇게 색 바랠 때까지 골똘해져야
비로소 아픔도 삭혀내

손바닥 위로 돋는 햇살을 움켜잡는다

오늘밤
바닥에 굴러 떨어진 사내 하나가
단단한 뿌리를 세우고 있다

신을 벗다

어머니는 부처를
아내는 예수를 우리 삶에 꼭 맞는 신이라 했다
늘 힘들어 비틀거리는 삶의 길은
부드러운 흙길만이 아닌 울퉁불퉁 자갈길 같아
툭하면 돌부리에 채이고 그때마다
아픔을 참고 견딜 수 있는 것이 신 때문이라고
신이 우리들 몸을 지켜주어서 덜 아픈 것이라 했다

오래 살다보면 신만 보아도 사람의 됨됨이가 보인다고
초하루마다 깨끗하게 닦은 흰 고무신을 신고 절에 올라가는 어머니
일요일마다 반짝반짝 광을 낸 구두를 신고 교회에 나가는 아내
사람 많은 곳에 가면
신을 잃어버리거나 바뀔까 봐 비닐봉지에 담아들고 애지중지하는
어머니와 아내
석탄절이면 어머니 성화에
깨끗하게 닦은 고무신을 신고 절을 따라가고
성탄절이면 아내의 등살에 떠밀려

번쩍번쩍 광나는 구두를 신고 교회에 따라가는 내겐
부처도 예수도 잘 어울리지 못하는 신이다

비가 종일 내리는 날
할 일도 없는 친구 몇이 어울려 주막집 뒷방에 틀어박혀
막걸리에 음담패설 안주삼아 화투패 넘기던 늦은 밤
오줌 누러 문밖에 나오니 마루 아래 벗어 놓은 신들이 엉망이다
뒷간에 들락거리느라 아무나 끌고 다녔을 신들
아무렇게나 엎어지고 흩어지고 밟힌
발이 버린 신들이 외로워지는 밤
흙탕 속에서 부처와 예수가 흠씬 비를 맞은 채
발을 기다리고 있었다

마침표

공원묘지에 가면
무덤들은 저마다 묘비 하나씩 품고 있다
한 생애의 뜨거운 기억을
오롯이 담아내기엔 너무 짧은 문장
이름 석 자 선명하고 깊게 새겨있다

어떻게 살아왔는지
몇 날 밤새워 풀어 놓아도 다 풀리지 않는 삶
소설로도 몇 권은 될 거라는 그 흔한 푸념도
고요하다
수십 수백의 입들이 모인 이곳의 고요는
저마다 생의 마지막 문장 뒤에 마침표로 찍혀있는
묘비 때문이다

간밤 비바람에 기대어 슬그머니 마침표를 밀쳐낸
몇 기의 무덤들
답답한 가슴 옷섶 풀어 헤치듯 봉분 한 자락 풀어 놓고
신세타령이라도 한 소절 쏟아낼 요량이었을까
놀란 관리소 직원들이 달려와
전보다 더 단단하게 마침표를 꾹꾹 눌러

입을 봉해놓는다

저 무수한 마침표에는
세상에서 가장 깊은 침묵의 뿌리가 있다

어부

바다는 아버지의 무덤이다
내가 묻힐 무덤이다
무덤은 어머니의 텃밭이다
어머니는 날마다 텃밭에 나가
아버지를 한 소쿠리씩 담아왔다
어린 나는 아버지를 맛있게 먹었다
그리하여
아버지처럼 자식을 낳고
아버지처럼 말을 하고
아버지처럼 날마다 수평선을 향해
쟁기질을 했다
보습 끝에서 아버지의 무덤이 하얗게 열리고
아버지는 날마다 식탁 위에 올려졌다

언제부턴가 아버지가 보이지 않았다
아버지의 흔적조차 희미해졌을 때 비로소
내 몸의 일부분이 조금씩 없어짐을 알았다
탄력을 잃어버린 근육들이
찍어 누르는 알 수 없는 무게를 감당하기 어려워
다리가 후들거리고 나를 떠받치고 있는 등뼈가 시리다

문득 돌아보니 내가 내 몸을 향해
그물을 던지고 있었다
그 무거운 그물추가 내 몸을 옥죈다
아버지란 이름표 밑에 매달려 깃발처럼 흔들리는 내가
그물에 건져 올려져 식탁에 놓인다
몇 개의 입이 재빠르게
내 몸에서 가시를 발라낸다

분재, 그 아름다움에 대한 진실

쉽게 부러지지 않는
철사의 단단한 그늘에 묶여있는 동안
나뭇가지가 내딛는 발걸음은
철사가 만들어준 길을 걷는다
무력 앞에 순종하듯 그렇게
고삐에 끌려가는 소처럼
상.
하.
좌, 우.
온몸을 구부리고 비틀며
길들여져야 하는 길

키를 낮추어야 살아남는 나무의 몸속엔
하늘을 향해 무수히 뻗어나던
직선들의 몸부림이 있다
울부짖음이 있다
때론, 직선들은 부러짐으로 항거도 하지만
철사가 지향하는 방향으로
숙명처럼 걸어가는 동안
무수하게 돋아나는 상처들

상처의 흔적 깊은 곳에는
한숨과 눈물로 얼룩진
잃어버린 자유가
단단한 옹이로 박혀있다

떨어지는 열매들은 뿌리를 향해 기억을 눕힌다

바람이 불지 않아도 열매가 떨어졌다
열매들은 제 힘으로 떨어지는 줄 알지만
어둠 속에서 홀로
희미해지는 제 몸의 기억을 흔들어 깨우는
뿌리의 안타까운 몸부림이다

떨어지는 열매들은 뿌리의 기억이다
기억 속에는
세상에서 가장 높은 곳에 잎을 매달아 햇살을 펴 담던
뒤꿈치를 들던 발이 있고
그 햇살로 여물던 열매들이 세상 멀리까지 달려 나가
향기로운 바람과 아름다운 소리들을 품어 줄
숲이 있다
그러기에 세상의 모든 열매들은
뿌리에 입술을 적시고 산다

뿌리 근처에는
어린 꿈들이 자라고
더불어 그늘이 자라고, 무덤이 자라고
때론, 가지 끝에 걸린

병든 잎새의 마른기침 소리까지 끌어안고 있는 숲
숲은 뿌리의 그늘이다
그러므로 떨어지는 열매들은
뿌리를 향해 기억을 눕힌다

치킨

닭장차로 끌려와
낯선 곳에 가두어 놓는 것도 부족해
목숨까지 빼앗긴 나는 아직도 내 죄목을 모른다
어두운 세상을 향해
밝은 세상으로 깨어나라고
날마다 외침이 전부인 내 몸에
평생 한 벌의 외투로 버틴 청빈조차 벗겨내고
맞지도 않는 두툼한 수의를 걸쳐준 당신
두려움과 아픔과 분노를 내 몸에서 뽑아내고
양념의 부드럽고 달콤한 복종을 심어주었지
언제고 불쑥 꺼낼지도 모를 나의 외침이 두려워
내 목에서 소리까지 뽑아갔지만
기름에 튀기고 불로 지져대는 고문을 가한다 해도
나의 외침은 지워지지 않는 내 몸의 기억이다

며칠째 조문객의 행렬이 문전성시를 이루는
길 건너 불닭집을 지나온
늦가을 햇살 한 무리 우르르 창가로 몰려와
다시 한 번 세상을 뜨겁게 달구어보자는 것인지
싸늘하게 식어있는 내 침묵에

따뜻한 손을 자꾸만 쿡쿡 찔러 넣는다
쫓고 쫓기는 숨바꼭질 같은 삶과 죽음의 일상이
잘린 목의 단면을 간지럽히는
뜨거운 열기에 휩쓸렸던 거리
가로수들도 그 뜨거웠던 흔적들을 기억이라도 하듯
붉은 잎사귀들을 깃발인 양 흔드는 창밖의 저녁
내 몸이 뼈와 살로 분리된 식탁 위
하느님은 너무 멀리 있어
감사의 기도는 내겐 과분한 찬양이다

이우림

전북 김제 출생.

시집 『봉숭아꽃과 아주까리』.

m-seon-m@hanmail.net

새벽이슬 같은

막, 어머니의 문 밀고 나오는 아가의 머리처럼
쏙, 검은 바다 속에서 올라오는 햇덩이처럼
신비한 설렘과 감동을 주는, 너는
꽃과 나무와 풀과 새들이, 눈뜨기 전
오늘의 색을 입혀준다, 그리고
내일은 내일의 색으로 다가 올, 너는
초라한 밤의 눈물을 조심스레 모은다, 어둠 내내
정화수에 녹아든 내 어머니의 마지막 기도를 닮는다, 너는

환장할 봄

서성이는 봄에게 구덩이편지를 쓴다

숨어있던 겨울바람 하나가 삽날에
부서진다
마루보다 먼저 누운 안개가 흙을
고르고 있다
수국나무 잔가지가 앙살궂게
흔들린다
땅속은 설렌 듯
포근하다
겨울어둠 몰아낼 자연물 하나가 제 품으로 들어옴이 결코 아픔일 수만은
없는 모양이다
쓰다만 삽자루가
까칠하다
수건에 싸인 마루를 내려놓고 누운 안개를 손사래로
밀어낸다
다시, 감기지 않는 마루 눈을
쓸어내린다
속으로 웅얼거린 기도가 가슴 밖으로

쏟아진다
“이 모습 그대로 만나게 하소서.”
쓸어내려도 감기지 않는 마루의 눈 길쓸별이
내려앉는다
수국나무와 눈을
맞춘다
멀리서 개 짖는 소리가 마루처럼
파고든다
곧, 송이송이마다 개구쟁이가 앉아있겠구나

수요일 밤, 나는 서성이는 봄 길에 마루를 심어주었다

죽방멸치

해 그림자 따라
유채꽃이
바다로
걸어 들어가고
꽃빛에 발기된 멸치들은
죽방렴 속에서 날아오른다

머리 꼬리 없다
뼈 발라져 짧은 창자도 없다
곤두선 지느러미도 물빛 그리운 비늘도 없다
모양을 알아 볼 수 없는 살점들만
얼음 팩에 싸여 있다

나는 회를 못 먹는다
어찌하나, 저들을 바다에 묻기로 한다
파들파들한 살점들이 소금에 소름을 턴다
유리병에 담아 꾹꾹 누르고 웃소금 지른다
바닷가 늙은 어머니에게 한 줌
늙은 어머니의 바다 같은 아들에게 또 한 줌

남해, 그
채반 위 옥아드는 죽방멸치처럼
늙은 어머니의 몸에선 젖 물이 졸아들고 있다

비, 여자

좋다

파라솔에 앉아 소주 한 잔 또는 자판기 커피 한 잔
할 수 있다면 꼭 둘이 아니어도
좋다
멀리서라도 공감하는 눈과 입과 귀가 있다면
그저 좋다
내가 바라보는 하늘이
내가 만지는 이 비바람이
가슴 찌르는 소리와 이야기하듯
너를 사랑하고
너와 함께 밤을 헤집고
너로 인해 젖는 밤바다를 갈망한다면
무조건 좋다

감나무에 내리는 너는
막 초경 끝낸 감꼭지를 부풀리고
호박꽃에 스미는 너는
펑퍼짐한 궁둥이 호박꼬투리를 부벼댄다
너는 만 가지 모양 만 가지 색깔 만 가지 향기로

일어선다
팔짱을 끼고 걷는다
귓불이 콧등이 새끼발가락이 웃는다

참, 좋다

서삼능의 밤이 우울하다

서삼능의 밤이 우울하다 능 하늘엔 별 그림자만 가득하고 바람은, 바람은 애꿎은 갈참나무 빈 가지만 곧추 세워 놓고 간다 고양이 한 마리 살그머니 능 옆으로 나와 갈참나무 숲으로 휙 들어간다 고양이 발톱에 할퀸 12월 달빛이 배꼽처럼 깊어진다 이런 밤이면 난 배꼽의 깊이를 능에게 묻는다 젖무덤만큼 아득한 배꼽의 무덤 능의 스산한 아랫도리 더욱 스산해진다 능곁 소나무 한 그루 흑빛마냥 짙어간다

배꼽이 우울하다

매지구름

아들 녀석과 옥신각신 말다툼하다

녀석은 보충수업을 핑계로 나가버렸다

덕분에 노인 복지관 봉사 시간에 늦고 말았다

저기압의 불안전선

등 골짜기 넘치는 땀방울
가르맛길 지나
콧잔등 남실 넘어
유방 샛길로 쭉 미끄러져
냅다 배꼽에서 휘돌아 친다
철썩
숲으로 떨어진다

쏟아진다

이젠 수세미 같다

남편이 바지의 사타구니를 내민다
반짇고리 속 실 바늘 가위를 꺼내
나는 외과 의사가 되어
남편의 바람 든 사타구니를 꿰맨다
다시는 바람에 살점이 해찰대지 않도록
온땀침으로 박음질을 한다

밭을 갈고 씨앗을 심고
강풍과 가뭄에 버팀목이 되고
때론 소나기가 되어 준
사타구니.
이젠 찬바람에 오그라진
옆집 담벼락에 대롱이는
수세미 같다
모세혈관 말라붙은 저
수세미.

남편이 청소를 한다
구석마다 구멍마다
수세미로 온몸을 적신다

쪽빛 하늘이 살그머니 지나쳐 간다

바다는 나를 기다린다

난 어둠을 좋아한다
어둠엔 타르 같은 죽음이 묻어 있다
타르는 찐득하다

난 또 비를 좋아한다
속으로 파고드는 비는
오르가슴의 채찍이다
채찍은 아리다

가마우지의 저녁
직선의 물줄기 하나
내 몸을 다시 끌어당기고
나는 다시 바다가 된다

비 오는 밤의 바다엔
늘 타르가 있다
타르 속에 죽어가고 있는
내가 있다

강원 정선 출생.

공저 『옷장 속의 옷』.

ebom-@hanmail.net

망초꽃

달걀을 부친다
들꽃이 핀다
뜨거운 팬 위에서 둥글게 익어가는,
혹시 저 망초꽃도
식욕 속에서 피어나면 달걀 프라이가 될까
노란 씨방 둘레에 하얀 꽃잎들 보글거린다
꽃소금 살짝 그 위에 흩뿌린다
밋밋한 시간들 간삭은 입 안에 감친다

산책

산발치에 당알당알 열린 호박을 보고 감자가 많이 달렸다는 그, 몇 번의 뇌수술 끝에 호박을 감자로 바꾸었다 이젠 담장 위에도 그를 위해 감자가 열리고 놀부는 감자를 타야 하리라 김동인의 소설 속에서 호박은 주저리주저리 익어야 할 것이고

지난겨울부터 그는 무수한 뇌리를 뒤엎어 버리고 묵정밭 같은 착각을 깨워왔다 그럴 때마다 나의 밭은 몇 모금의 링거 뒤에 가려진 채 식음을 전폐해야 했고 봄은 벚꽃부터 착각을 피워올리기 시작했다 세상에 착각보다 오래된 따듯함이 있을까 어느덧 산책은 호박들을 벗어나고 있었지만 내 마음은 호박밭을 쉬 떠나지 못했다

속이 달다

아침부터 몸이 쉽다 된장국에 밥 한 공기, 혀가 달고 식도가 달고 그믐달 같은 위가 달다 지난밤 내 살과 뼈에 누가 흑설탕을 뿌려 두었을까 눈도 달고 호흡도 달고 귀까지 달다 며칠 전까지 무겁게 매달려 있던 오동잎이 순한 길을 열어준다 그 속으로 오래전 내가 풀어줬던 당나귀가 돌아온다 왜일까 몸 한켠에 된장국을 걸고 당나귀를 걸어도 좀처럼 진실을 얘기하지 않는 나의 몸, 단지 그의 대소변이 써서만도 아니고 그의 지난밤 통증이 고단해서만도 아니다 내 몸속을 돌아 나온 모든 달콤함은 고통의 역설에 불과하며 의지는 늘 내 몸을 속인다 그의 고통을 속이고서야 비로소 나는 새로운 아침을 맞는다

정오의 소품

이곳에선 파도도
몇 번의 허물을 벗으면 누에처럼 희다
깨알 같은 눈을 뜨고
더 큰 파도를 찾아 엉금엉금 기다
잠시 선잠이 들었다
문득 수런거리는 물결 소리에
누에들 번쩍, 눈을 뜨고
1령, 2령, 3령……
그러나 어디에도 찾아낼 수 없는 뽕잎들
물살에 든 물결조각을 뽕잎으로 착각했는지
누에들 어느새 하얀 잠옷으로 갈아입고
한낮의 바다에서 둥글거린다
나의 누에들이
나의 누이들이
좀처럼, 일어서지 않는다

오전

문 잠긴 교회의 뒷산을
인색한 호흡과 나란히 오른다
그늘진 모퉁이를 숨 가쁘게 걷다보면
어느덧 나를 따라오던 상념들이
한 편의 잠언으로 옆자리에 앉는다
따스한 상상이 꿈틀대는 숲은
몇 구절의 말씀으로 갈라졌다 다시 이어지고
호흡을 바꿀 때마다 잠시의 평온
아, 그러고 보면 겹겹의 숲은
내가 모르는 또다른 생명의 갈피들이었구나
내 안의 좀 더 은밀한 곳으로
순례를 하는 땀방울처럼
빛나던 날의 고뇌들이었구나
산 위의 바람이 갈증을 풀어주는
오전 한때
가까운 곳의 새 울음이 여기저기 옮겨다니는
알 수 없는 시간들을 넘겨보다가
아주 잠깐의 지상으로 걸음을 돌린다

무화과

성당 어귀,
가을이면 제법 말 못할 무화과가 열리는 고목이 있다
말은 언제나 풍경의 전모를 들여다보며 드나들진 않는다
나는 자주 그 열매들의 설교를 들으며 그곳을 드나든다
그 속으로 깃든 바람이
열매가 되는 잠언을 문지방 넘듯 드나든다
잎만 무성한 무화과라고 했던가
내 안에도 꽃을 건너뛰고
문지방의 교훈을 숙명처럼 끓이고 달여 온 날들 많았음일까
잎들이 밝혀주는 그늘 속으로 들어설 때마다
휴식을 내주는 나무의 말들
오늘도 나는 잎들의 푸른 설교가 수런거리는 고목 아래서
언젠가 잠언이 될 생각들을 익힌다

버선을 신는 법

우리 집에 작은 들창이 있다
세상을 바로 딛기 위해 통과해야 하는
때로는 목 꺾어 집어넣어야만 통과할 수 있는
들창으로 멀리 내다보이는 지평선
그 지평선 끝으로 차오르는 풀밭이
바람을 일으킬 때마다
한달음에 마중 나가던 우리 집 들창
어느 날 돌부리에 채이더니 구멍이 뚫렸다
물의 혀가 발목까지 핥아 오르는 동안
필생의 노질을 하던 나의 발목
어머니
물구멍에 두꺼운 헝겊조각 갖다 대고
가라앉지 마라 가라앉지 마라
내 등 다독거려 주실 때
나 다시 그 창에 발목 꺾어 넣고
’&,,,&,,,&’’’ …
세상으로 나아간다

폭포를 입다

돗자리로 병풍치고
부러진 개다리소반에
찬물 한 사발 떠놓고
시집 왔다는 그녀

웨딩샵 지날 때마다
눈길 떼지 못하더니
홀로 된 세월 몇
등산길에 오르네

축축한 바위에
발목을 접히면서
선녀탕 지나
다다른 쌍폭포

물구슬로 레이스 단
하얀 드레스가
막 흘러내리네
그녀, 얼른 몸 들이미네

| 해설 |

존재의 탐색에 대한 8개의 파장

서안나(시인)

1. 8개의 파장과 하모니

동인시집을 낸 마루시 동인들께 먼저 축하의 말을 전한다. 마루시 첫 동인시집 원고를 받고 한참을 읽었다. 8명의 동인이 각각 8편의 시를 발표하여 총 64편의 시를 수록하고 있다. 동인시집의 매력은 동인시집 안에 술렁거리는 무늬의 결들을 접할 수 있다는 점이다. 사금파리를 햇빛에 비춰보면 수많은 무늬와 빛의 파장이 보이듯이, 동인시집에는 동인들의 다양한

시 세계와 깊은 사유의 무늬가 파장처럼 깊게 일렁거리고 있기 때문이다.

사실 동인 활동을 하고 동인지를 펴낸다는 것은 힘겹고 고단한 작업이다. 동인들이 추구하는 시 세계와 취향이 유사하다면 별문제가 없겠지만 그렇지 않을 때 동인 활동은 뜻하지 않게 동인들 간에 상처를 남길 경우도 있다. 특히 동인 활동의 꽃인 합평 활동 또한 어려움이 따른다. 시간을 정하여 만나고, 합평에 맞추어 신작시를 써내야 한다는 부담감이 있기 때문이다. 신작시들은 초고 상태일 때가 많고, 잘 다듬어지지 않은 시를 동인들이 자신의 의견을 교환하는 작업은 마치 자신의 나신을 드러내 보이는 것과도 같이 힘든 과정을 거치게 된다. 이렇게 힘든 경험과 시간을 공유하면서 동인들은 서로에게 자극제가 되기도 하고 각자의 시 세계를 인정하는 이해의 폭을 넓혀가면서 동인시집이라는 한 권의 책을 내게 된다. 아마도 마루시 동인시집 역시 그러한 과정을 거쳐 왔을 것이라 짐작해본다.

쉽지 않은 동인 활동을 통해 총 8명의 동인이 결과물을 만드는 과정이 눈에 선하게 잡힐 듯 떠오른다. 8명의 동인이 〈마루시〉라는 이름 아래서 각자 개성적인 시 세계를 밀고 나아가는 과정이 참으로 아름답게 보인다.

2. 하얀 그늘의 가정-강진순, 김선자

2005년 『공무원문학』과 『문학춘추』로 등단하였으며 시집

『영혼의 심지를 돋우어』를 출간한 강진순 시인은, 주로 가족이나 가정에 관한 이야기를 다루고 있다. 특히 강진순 시인의 경우, 시에 드러나는 가정이나 가족이 단란하게나 평화로운 속성을 지니기보다는 비극적인 가족의 해체와 이로 인한 비극성을 다루고 있다는 점이다.

큰아들 밑으로 아들 둘을 날린 부부는/아기를 낳을 때 솥뚜껑에 받으면 명命이 길다는 말을 믿고/솥뚜껑에 아이를 받았다./그래서 그 아이는 어릴 적 마을 어른들이 모두 '뚜께' 라고 불렀고/(중략)/장성하여 학교를 졸업하고 취직하고 장가도 가서/자기를 쏙 빼닮은 아들을 셋씩이나 낳았다./그런데 뚜께의 막내아들이 초등학교 입학하던 해/느닷없이 대장암 선고를 받았다/대장암 말기 선고는 뚜께보다 뚜께의 아내나 세 아들들 보다/연로하신 부모에게 더 청천벽력이었다./뚜께의 부모는 두 눈이 짓무르도록 눈물을 훔치며/비나이다. 비나이다. 천지신명님께 비나이다./지발덕분에 효자 아들 대신 이 늙은 목숨을 거둬가십사./날이면 날마다 빌고 또 빌었다./천지신명도 감명했는지 다행히 뚜께의 수술은 성공적으로 끝나/죽지 않고 목숨을 연명했다./그 후 부모의 극진한 보살핌으로/4년 넘게 그럭저럭 뚜께는 잘 살아주었다./그런데 수술 후 5년이 되던 해에 뚜께는/암세포가 다른 장기로 전이되어/다시 입원과 퇴원을 거듭하고 생사를 넘나들며/1년 넘게 부모의 애간장을 다 녹이고는/결국 마흔다섯의 나이에 부모의 곁을 영원히 떠나고 말았다

–강진순, 「뚜께」 부분

마치 판소리 완창을 들은 것 같은 느낌이 드는 시이다. 전傳 양식과 같은 고대 판소리계의 사설처럼 "뚜께"라는 인물의 성장과 투병 그리고 죽음에 이르기까지 일생을 순차적으로 진술한다. 시에서 나타나는 뚜께의 가정은 "뚜께"라는 가장이 "대장암" 선고를 받게 되면서 비극적인 공간으로 제시되고 있다.

> 내 고향 남해 푸른 바다/온가족 오순도순 행복하게 살다/어느 봄날 가족나들이 재미에 푹 빠져/지족해협 죽방렴에 갇힌 줄도 몰랐네//아무리 발버둥 쳐도/빠져나갈 길이 없어/온가족 죽을 날만 기다리다/지족리 우리 횟집에 팔려왔네//머리 떼이고 내장 떼이고/거기에다 뼈까지 싸그리 떼이니/체구는 비록 작으나/뼈대 있는 가문에 태어난 것/일생의 낙으로 알고 살았는데/이보다 더한 죽음 어디 있을까
>
> –강진순, 「멸치들의 유언」 부분

작품 「뚜께」를 비롯하여 「멸치들의 유언」에서 드러나는 가정은 조화롭고 평화스럽기보다는 해체되거나 외부 환경으로 인하여 고통을 당하는 모습이다. "남해"라는 고향을 떠나 "가족나들이"로 "죽방렴"에 갇히게 되면서 "죽을 날"만 기다리는 해체된 가족의 풍경이 드러난다.

> 대학 졸업할 때 오빠가 사준 정장/연애시절 신랑이 처음으로 사준 반코트/결혼식 앞두고 맞춘 값비싼 예복들/모두들 유행

지나고 크기도 맞지 않아/입을 수도 누구에게 줄 수도 없는데/장롱을 차지하고 들어앉아/오래도록 자리를 내놓지 않는다.//올해는 버려야지/내년엔 꼭 처치해야지/생각만 하다/(중략)//이 말 저 말 들어주다 보니/더 이상 새 것 들일 자리가 없다/이제는 정말 정리해야겠다./새로운 것들을 위해 과감히/자리를 내주어야겠다.

–강진순, 「새로운 것들을 위해」 부분

내 가슴속엔 큰 산이 들어 있다/멈출 줄 모르고 밤낮으로 타오르는/활화산//때때로 용암이 분출하여 식도까지 올라온다/목안은 만날 쓰리고 입 안은 자꾸 마른다//이제는 그만 분출을 멈추고/백두산 천지처럼 맑고 푸른 물을/내 가슴에 담고 싶다

–강진순, 「역류」 전문

「새로운 것들을 위해」에서 시적 화자는 가족관계인 "아버지, 친정오빠, 남편" 등이 선물한 옷으로 옷장이 가득 차 있음을 진술한다. 옷장을 비워야지 하면서도 친한 가족들이 선물한 옷을 시적 화자는 쉽사리 정리하지 못한다. 하지만, 곧 시적 화자는 "이 말 저 말 들어주다 보니/더 이상 새 것 들일 자리가 없다/이제는 정말 정리해야겠다./새로운 것들을 위해 과감히/자리를 내주어야겠다."라는 독백을 통해 가정 내부에서 자신의 설 자리가 없음을 옷장과 철 지난 옷의 비유를 통해 드러낸다. 즉 "새로운 것"을 위한다는 것은 시적 화자만의 새로운 공간을 확보하겠다는 의지로 읽을 수 있다.

이러한 시적 화자의 주체적인 자각은 「역류」에서 더욱 잘 드러난다. "역류"를 통해 자신 내부의 뜨거운 용암 같은 것이 치솟아 오르는 것은 가정 내에서 자신의 자리가 부재를 자각하는 시적 화자의 갈등을 감지할 수 있다. 이처럼 자신 내부에의 감지는 곧 시 세계의 균열과도 같은 것이다. 자신을 깨려는 그 균열의 징조를 통해 한층 더 깊은 사유의 세계로 나가려는 시적 화자의 의지가 돋보인다.

경제적인 궁핍함이나 가정에서 시적 화자가 맞대면할 수밖에 없었던 현실 때문에 시적 화자 자신의 욕망을 절제하고 감내해 왔다. 그런데 「역류」라는 시를 통해서 시적 화자는 가족이라는 울타리 속에서 자신에게 짐처럼 얹혀졌던 아내라는 역할에서 주체적인 삶에 대한 의지를 드러낸다. 자신 안에서 스스로 치받혀 오르는 역류를 통해 시적 화자가 무엇인가 일상생활에서 변화하려는 자각을 시도하고 있다. 이처럼 시적 화자의 자각은 곧 신체의 자각으로 나타나면서 몸을 통해 지각하고 변화하려는 굳은 의지를 볼 수 있다.

강진순 시인의 경우, 주체적인 자각이 이루어지는 곳이 가정이라면, 김선자 시인은 "어머니"라는 대상을 통하여 고단한 가정의 모습을 그린다. 2007년 『창조문학』으로 등단하여 공동 작품집인 『사람의 저녁』과 『세월 그 뒤』 『못 생긴 손들』 『고마워요 미안해요 일어나요』 『그냥 놔두라 쓰라린 백년 소원 이것이다』 등을 출간한 김선자 시인은 이번 동인시집 『떨어지는 열매들은 뿌리를 향해 기억을 눕힌다』에서는 "어머니"를 대상으로 삼은 시편들이 주류를 이루고 있다.

정월 삼짇날/어머니와 함께 참깨를 볶는다/무쇠 솥의 불을 올릴수록/서캐 같은 참깨들이 변방으로 튄다/아홉 자식 키워내는 동안/단 한 번도 세상의 중심이 되어보지 못하신/어머니/주걱으로 무쇠 솥의 중심을 저을수록/무쇠 솥의 변방으로 더욱 세차게 튀는/참깨들/참깨를 볶는 동안 어머니는/진짜 참깨가 되고 싶으신 걸까/큰오빠 대학 등록금 대랴/병든 아부지 약값 대랴/분홍의 맨살이 잿간의 재가 되었던 어머니/오늘은 깨가 튀는 무쇠 솥 위에서/분홍의 깨꽃이 되고 싶으신 걸까/주걱으로 무쇠 솥의 중심을 저을수록/참깨들은 어머니의 노란 살갗이 되어/무쇠 솥의 중심에서/죽어라 함성을 질러대고 있었다

–김선자, 「참깨를 볶으며」 전문

어머니의 고단한 생과 모정을 참깨를 볶는 과정에 연관시켜 비유적으로 잘 형상화한 작품이다. 김선자 시인은 자식 교육과 병든 남편을 수발하던 어머니를 가난했던 시절의 한복판에 위치시키고 있다. 김선자 시인의 시에서 등장하는 어머니는 중심에 서 있기보다는 변방에 서 있는 존재이다.

장마철 누렇게 얼룩져 너덜거리는/꽃무늬 벽지 들추어 본다/어머니의 몸에 퍼져 있는 암세포처럼/곰팡이가 온 벽면을 장악하고/얼마나 많은 번개가 쳐댔는지/한쪽이 쩍 갈라져 있다/항암제로 부르튼 어머니의 혈관처럼/구불구불한 벽의 수맥/언제부터 흐르다 마른 자국일까/우우 밤마다 울부짖으며/밑바닥까

지 목마른 목젖을 빼보아도/방부제와 곰팡이로 가득한/어머니의 우물은 모래알갱이만 서걱거린다

–김선자, 「바람벽 우물」 부분

어느 여름 남대천에서/물수제비뜨기 위해 집어든 조약돌 하나/거친 물살에/제살 깎이는 아픔 견디며 살아온 세월/옹이만 가득 박힌 몸으로/이제는 숨이 차는지/걸을 때마다 쉼표를 찍는/어머니의 걸음

–김선자, 「물수제비」 전문

어머니에 대한 시적 화자의 애틋한 그리움은 어머니의 험난했던 생에 대한 연민이기도 하다. 「바람벽 우물」에서도 알 수 있듯이 말년의 어머니는 "암"이라는 병을 선고받음으로써 젊은 날의 고단한 생애를 보상받을 겨를도 없이 또다시 비극적인 상황에 부닥쳤음을 알 수 있다. 젊어서는 아픈 가장을 대신하고 자식들을 위하여 가장의 역할을 짊어진 씩씩하고 강인한 여성이었던 어머니는 암이라는 병에 걸리면서 소진되는 육체만 남아있을 뿐이다. 어머니와 장맛비에 곰팡이가 슬은 벽을 통해 어머니의 고단했던 한 생을 형상화한다. 어머니는 늘 물수제비를 던질 때 집어 드는 조약돌처럼 옹이가 가득 박힌 몸이었기에 "옹이만 가득 박힌 몸"을 지니면서도 자신의 몸을 깎아 육필로 자식들의 화려한 미래를 위해 써나가는 존재였다.

벽이 못에 찔려 있다/이삿짐 싸느라 액자들 모두 떼어내자/벽이 움찔 한다/상처를 안고 있는 것들은 도무지 말이 없는지/자궁 속에 암을 키우다 마지막 가는 길/어린 자식 앞에서 끝내 울지 못하고/가슴만 꽝꽝 치던 어머니/못에 찔려 철철 피가 나는데도/이 앙다물고 버티고 있다/벽은 제 몸에 박힌 못을 다 뺄 때까지도/악, 소리 한번 지르지 않는다/벽은 지금 살신성인 중이다/또 다른 상처를 안기 위해/둘러보는 텅 빈 반지하 단칸방에/환한 상처들이 가득하다

–김선자, 「환한 상처」 전문

그러나 노쇠하고 병든 몸을 지닌 늙은 어머니는 모든 상처는 껴안는 존재로 확대된다. 즉 상처를 지닌 몸은 곧 더욱 확장되어 모든 상처를 끌어안음으로써 환하게 빛나는 견고함으로 빛나게 되는 것이다. 어머니에 관한 낭만적이고 격정적인 낭만성에서 벗어나서 상처 입은 어머니의 몸을 통해 환한 상처로까지 이끌어 올리는 시인의 시적 사유에 주목해야 하는 이유이다. 이처럼 김선자 시인은 하얀 그늘의 가정 모습을 통해 세상의 변방인 어머니가 그 변방의 힘으로 자식들을 중심으로 밀어 올리려 애쓰는 모성의 위대함을 강조한다.

3. 뿌리에 대한 기억–이광복, 이우림

2003년 『전북중앙신문』 신춘문예로 등단한 이광복 시인과

이우림 시인은 인간 존재의 근원에 대한 깊은 사유를 선보인다. 특히 삶과 죽음에 천착하는 존재론적인 시 세계를 보여준다.

> 면벽 21일//벽이 문이었다.//문틈을 비집고 들어온 바람이/멱살을 잡고 흔들어/탯줄 끊어진 배꼽에서/울음이 왈칵 쏟아졌다//문을 열자 한 줄기 빛이/눈동자 속에서 어둠을 퍼내자/날갯죽지의 깃털이 무거워지고/발바닥에서 길들이 티눈처럼 자라났다//문밖이 벽이었다.//벽이 벽을 낳고 있었다.
>
> —이광복, 「달걀 得을 하다」 전문

"면벽"이라는 행위는 곧 자신의 내면을 바라보는 행위이다. 시적 화자는 달걀이 부화하는 스무 하루 동안의 시간을 면벽의 행위에 빗대어 생명 탄생의 순간과 더불어, 탄생은 기쁨이기보다는 삶이라는 또 하나의 고단하고 견고한 벽과 부딪쳐야 하는 "문밖이 벽이었다.//벽이 벽을 낳고 있었다."와 같은 사유를 보여준다. "날갯죽지의 깃털이 무거워지고/발바닥에서 길들이 티눈처럼 자라났다"에서와 같이 오히려 태어나기 이전의 시간보다 탄생 이후의 현실을 더욱 벽과 같이 무겁고 부정적인 속성으로 인식한다는 점에서 이채롭다.

> 바람이 불지 않아도 열매가 떨어졌다/열매들은 제 힘으로 떨어지는 줄 알지만/어둠 속에서 홀로/희미해지는 제 몸의 기억을 흔들어 깨우는/뿌리의 안타까운 몸부림이다//떨어지는 열매

들은 뿌리의 기억이다/기억 속에는/세상에서 가장 높은 곳에 잎을 매달아 햇살을 펴 담던/뒤꿈치를 들던 발이 있고/그 햇살로 여물던 열매들이 세상 멀리까지 달려 나가/향기로운 바람과 아름다운 소리들을 품어 줄/숲이 있다/그러기에 세상의 모든 열매들은/뿌리에 입술을 적시고 산다//뿌리 근처에는/어린 꿈들이 자라고/더불어 그늘이 자라고, 무덤이 자라고/때론, 가지 끝에 걸린/병든 잎새의 마른기침 소리까지 끌어안고 있는 숲/숲은 뿌리의 그늘이다/그러므로 떨어지는 열매들은/뿌리를 향해 기억을 눕힌다

—이광복, 「떨어지는 열매들은 뿌리를 향해 기억을 눕힌다」 전문

동인지의 표제작인 위 시에서 시적 화자는 "열매가 떨어지는 것은 곧 뿌리의 안타까운 몸부림"임을 강조한다. 허공에 매달린 열매의 낙과는 곧 "떨어지는 열매들은 뿌리의 기억"이며, 거대한 숲의 열매들은 모두가 생명의 처음인 "뿌리에 입술을 적시고 산다"라는 사유에 도달한다.

즉 "뿌리"와 "바닥을 친다는 것은/껍질을 깨트리는 일"이며 "깨진 껍질의 틈새로 손을 내보이는 일"이다. "그리하여 그 손으로/열매라는 이름을 지우고 씨앗이라는 이름"을 "제 가슴에 새겨 넣느라 밤새 뒤척"(「바닥을 친다는 것은」)이는 시간임을 고백하고 있다. 그리고 이러한 시인의 시선은 노숙자나 이 사회의 비주류들에게까지 확장된다. 지하철에서 열매처럼 지상에 떨어져 낙오한 "오늘 밤/바닥에 굴러떨어진 사내 하나가/단단한 뿌리를 세우고 있다"(「바닥을 친다는 것은」)에서처럼 희

망을 노래하고 있음을 알 수 있다.

죽음을 통하여 삶의 존재 근원을 탐색하는 시인의 시선이 눈길을 끄는 작품세계를 접할 수 있는 점이 큰 즐거움이다. 삶과 죽음이라는 존재의 극한까지 치고 나가는 시인의 신념이 잘 드러나는 시계를 선보인다. 문밖이 곧 벽이며 벽이 벽을 낳고 있다는 사유 즉 바닥을 친다는 것은 열매를 거쳐 씨앗(「바닥을 친다는 것은」) 곧 근원적인 세계로의 진입을 의미하면서 존재 근원에 대한 탐구임을 알 수 있다.

이광복 시인이 죽음을 통해 삶의 존재 근원을 탐색했다면, 이우림 시인은 삶과 죽음의 중간 경계에 있는 대상들을 통해 죽음에 관한 시 세계를 펼쳐 보인다. 이우림 시인은 시집 『봉숭아꽃과 아주까리』를 출간하기도 하였다.

> 서삼능의 밤이 우울하다 능 하늘엔 별 그림자만 가득하고 바람은, 바람은 애꿎은 갈참나무 빈 가지만 곧추 세워 놓고 간다 고양이 한 마리 살그머니 능 옆으로 나와 갈참나무 숲으로 휙 들어간다 고양이 발톱에 할퀸 12월 달빛이 배꼽처럼 깊어진다 이런 밤이면 난 배꼽의 깊이를 능에게 묻는다 젖무덤만큼 아득한 배꼽의 무덤 능의 스산한 아랫도리 더욱 스산해진다 능곁 소나무 한 그루 흑빛마냥 짙어간다//배꼽이 우울하다
>
> –이우림, 「서삼능의 밤이 우울하다」 전문

시적 화자는 삶과 죽음의 중간 경계에 있는 “무덤” 즉 “능”과

"배꼽"을 노래한다. 특히 배꼽은 탄생과 출생의 이력이 흔적으로 남겨진 신체 부위다. 그리고 "능"은 한 인간의 삶에 종지부를 찍고 죽음의 세계로 진입해 있음을 상징적으로 드러내 주는 표식물이다. 배꼽이 삶의 탄생 순간의 기억이 내장된 것이라면, "능" 즉 "무덤"은 죽음의 기억들이 내장된 공간이다. 시적 화자는 이처럼 삶과 죽음의 흔적들을 지닌 배꼽과 능을 절묘하게 배치하고 있다.

이때 두 개의 이질적인 이미지를 연결해 주는 매개는 바로 "고양이"다. 능 주변에서 갈참나무 숲으로 사라지는 고양이가 할퀸 12월의 달빛이 배꼽처럼 깊어진다. 이때의 달은 그 외형적인 모양을 변화하면서도 끊임없이 다시 돋아나는 재생의 모티브를 지닌다. 즉 "능–고양이가 할퀸 달빛–배꼽–능의 스산한 아랫도리–시적 화자의 배꼽" 등으로 확산하는 이미지를 통해 시적 화자는 삶과 죽음의 통로와 경계를 드러내 주면서 삶과 죽음이 단절된 세계가 아니라 하나로 연결된다는 순환론적인 세계관을 드러낸다.

> 비 오는 밤의 바다엔/늘 타르가 있다/타르 속에 죽어가고 있는/내가 있다
>
> –이우림, 「바다는 나를 기다린다」 부분

> 막, 어머니의 문 밀고 나오는 아가의 머리처럼/쏙, 검은 바다 속에서 올라오는 햇덩이처럼/신비한 설렘과 감동을 주는, 너는/꽃과 나무와 풀과 새들이, 눈뜨기 전/오늘의 색을 입혀준다,

그리고/내일은 내일의 색으로 다가 올, 너는/초라한 밤의 눈물을 조심스레 모은다, 어둠 내내/정화수에 녹아든 내 어머니의 마지막 기도를 닦는다, 너는.

—이우림, 「새벽이슬 같은」 부분

「서삼능의 밤이 우울하다」에서도 나타나듯이 이우림 시인의 시에서 "어둠" 혹은 "새벽"이란 시간은 새로운 생명이 잉태한 시간임을 알 수 있다. 막 어머니의 자궁의 문을 열고 세상으로 첫 발걸음을 하는 존재들의 눈뜨기 전의 생명의 탄생을 잉태한 "정한수"들을 모으는 순결한 시간임을 알 수 있다.

남편이 바지의 사타구니를 내민다/반짇고리 속 실 바늘 가위를 꺼내/나는 외과 의사가 되어/남편의 바람 든 사타구니를 꿰맨다/다시는 바람에 살점이 해찰대지 않도록/온땀침으로 박음질을 한다//밭을 갈고 씨앗을 심고/강풍과 가뭄에 버팀목이 되고/때론 소나기가 되어 준/사타구니./이젠 찬바람에 오그라진/옆집 담벼락에 대롱 이는/수세미 같다/모세혈관 말라붙은 저/수세미.

—이우림, 「이젠 수세미 같다」 부분

이처럼 시인은 죽음을 통하여, 사라지고 말 대상들을 통하여 인간 삶의 유한함을 교묘하게 잘 드러내는 시적 세계를 성취한다.

이광복 시인이 탄생을 부정적인 시선으로 바라보면서 죽음을 오히려 가능성이 있고 긍정적인 시선으로 보면서 삶을 조명해주는 시적 세계를 선보인다면, 이우림 시인은 "새벽"과 같이 삶과 죽음 혹은 낮과 밤의 중간 경계인 시간을 통해 삶과 죽음의 사유를 드러낸다.

4. 현대 문명 속도에 대항하는 사유–김정원, 김연종

2006년 『애지』로 등단했으며 『꽃은 바람에 흔들리며 핀다』 『줄탁』 『거룩한 바보』 등의 3권의 시집을 출간한 김정원 시인과, 김연종 시인은 문명의 속도와 그 광폭함과 그에 맞대응하는 느림에 대한 시 세계를 펼친다.

걷
는사
람위에
자전거탄
사람,그위에
자동차탄사람,
그위에비행기탄
사람,그막다른벼랑
끝에서공멸의나락으로
추락하는가속도는문명의
고도에정비례하는,미라의집

–김정원, 「피라미드」 전문

「피라미드」란 시를 통해서도 알 수 있듯이 "걷는 사람, 자전거 탄 사람, 자동차 탄 사람, 비행기를 탄 사람, 추락하는 속도, 미라의 집" 등으로 피라미드 모형처럼 시각적으로 나열한다. 시에서 시적 화자는 속도의 정점 즉 다른 교통수단에 비하여 속도감이 가장 낮은 사람을 피라미드의 꼭대기에 배치하면서 현대의 속도에 대한 경종을 울린다. 모든 현대인의 삶을 휘몰아치는 속도의 흐름은 현대인들을 더욱 개별화하고 소통의 단절을 불러온다. 즉, 속도에 대항하는 반속도의 사유를 통하여 느림으로써 가장 빠른 세계를 잘 드러내 준다.

> 버스가 덜컹덜컹 달린다/바람이 가로수를 흔들고/패인 길바닥이 차를 흔든다/흔들리지 않으려고//새들은 나무를,/나무는 땅을,/나는 손잡이를 움켜쥔다//흔들리는 것들은/흔들리지 않는 중심을 붙잡으려고/더욱 흔들리는 존재들/흔들리면서 흔들리면서/새 떼는 사뭇 가볍게 풍기고/나무는 한층 위로 뻗으며/사람은 한 걸음 앞으로 나가는 것//누가 앓는 사랑을 발열하는가/바깥바람이 뜨겁다
>
> –김정원, 「사시나무」 전문

속도에 휘말리지 않으려는 자연물들은 곧 속도에 대항함으로써 중심을 잡으려는 의지가 잘 드러난다. 이러한 시적 화자의 의지는 나무처럼 흔들리면서도 절대 부러지지 않고 풍성하게 자라 자신만의 세계를 건설하려는 의지로 솟아오른다. 그래

서 바깥바람은 뜨거운 것이며 제 안의 고요하게 타오르는 사랑을 확인하는 존재다.

> 매우 경건하게 보이는 목사에게/한 백인이 물었다/"인디언을 죽여도 죄가 되지 않을까요?"//목사가 대답했다/"인디언이 사람이면 죽이지 말고/짐승이면 죽이시오."//목사의 말이 떨어지기 무섭게/백인들이 닥치는 대로/인디언을 사냥하듯//불태우기 시작했다/용산에 뿌리내리려는 철거민 한 무리를,/절벽에 언 마삭줄 같은//인디언은 사라지지 않았고/마삭줄도 더욱 깊이 뿌리내려/윤기 나는 새싹을 틔울 것이다
>
> –김정원, 「마삭줄」 부분

> 사방 둘러봐도 차갑고 텅 빈/캄캄한 무대는 대답 한 마디 없고/끝이 보이지 않는 가혹한 형벌처럼/하늘 없는 공간, 깊이 없는 시간과 싸우는,/동그라미를 그리며 달음박질하는 우리 삶이/희망이 없기에 절망하지 않고/구원이 없기에 포기하지 않으며/의미가 없기에 의미가 있는 것인가//언제나 모두가 들리게 말하지 않는 하늘에/어린 개밥바리기별이 첫 빛문을 열고/오래된 허공을 아장아장 걸어 내려온다
>
> –김정원, 「부조리극」 부분

문명의 광폭함이 지닌 속도는 인디언과 같은 소수종족들을 사라지게 한다. 문명과 대척점에 서 있는 인디언들은 문명의 힘에 물들지 않는 원시적인 공간에서 문명화하지 않은 전래적

인 생활 관습과 생활양식을 지니고 자연에 기대어 살아가는 공동체다. 시적 화자는 서구의 열강들이 인디언 종족들을 말살하는 장면으로 문명의 폭력성과 용산 참사를 신랄하게 비판한다.

또 길가에 말라붙은 지렁이들을 개미 떼가 몰려와 다투어 뜯어먹는 생생한 장면이나 "깊이 없는 시간과 싸우는,/동그라미를 그리며 달음박질하는 우리 삶"에서 문명과 속도로 말미암아 앞만 보고 질주하는 질주 정의 속도에 대하여 토로하고 있다. 그러나 시적 화자는 속도에 대항하는 대상으로 자연을 들고 있다. "마삭줄처럼 윤기나는 잎을 틔운" 다거나(「마삭줄」) "어린 개밥바라기별이 첫 빛문을 열고 내려온다"(「부조리극」)에서처럼 속도와 문명의 폭력성에 대항하는 자연과 어우러지는 "대체할 수 없는/독특한 인격자인 인간"(「차이」)과 같은 인간의 고귀함과 자연의 힘을 믿는 깊은 생태적 세계관을 제시한다. 시간과 싸우는 현대인들의 속도전과 같은 삶의 양태를 통해 속도에 대한 자각을 선명하게 보여준다. 시적 화자는 인조인간이나 화학적인 기호와는 다른 유기적인 인간을 통해 과학과 문명이라는 속도의 힘을 부정하면서 순수한 인간의 모습(「차이」)을 그려낸다. 즉 과학과 합리화라는 속도와 효율성이라는 자본주의 구조의 속성을 생생하게 드러냄으로써 현대 사회에서 속도에 대응하는 느림의 미학을 강조한다.

2004년 『문학과경계』로 등단하였고 시집 『극락강역』을 출간한 김연종 시인은, 죽음이라는 소재에 천착하여 밀도 높은 실험성을 보여주고 있어 눈길을 끈다. 이때 시인은 죽음에 관한 사유 특히 존엄사와 안락사를 통하여 문명의 속도로 인하여 인간의 삶이 파괴되고 무가치하게 전락하는 상황을 사실적으로 보여준다.

> 죽음도 삶처럼 일사천리다/예기치 못한 한 죽음이/택배처럼 영안실로 배달된다/죽음의 방식에 대해서 상주는 묻지도 않고/삐라를 뿌리듯 죽음을 대량 살포한다/부음을 전송받은 수많은 삶들이/허겁지겁 지갑을 살피며 영안실로 들어선다/유니폼 같은 조화들이 일렬로 서서/죽음을 향해 안내하고 있다/아무리 둘러봐도/죽음은 보이지 않고/삶의 이력서만 요란하다/(중략)/삶은 삶끼리/죽음은 죽음끼리 재접속한다/삶도 죽음처럼 일사천리다
>
> -김연종, 「유비쿼터스」 부분

병원 영안실의 풍경을 그린 시적 화자는 "죽음도 삶처럼 일사천리다"라고 진술한다. "죽음의 방식에 대해서 상주는 묻지도 않고/삐라를 뿌리듯 죽음을 대량 살포한다"라는 구절에서 "죽음"에 대한 애도나 슬픔보다는 기계적으로 "죽음"을 요식행사로 전락시켜버리는 현대인들의 삭막한 현실을 드러내준다. "죽음"은 컴퓨터에서 날아오는 대량 스팸메일처럼 무가치한 행사로 전락해버린다. "인간의 죽음"이기보다는 "죽음은 보이지 않고" "죽음은 죽음끼리 재접속"할 뿐이다. 곧 죽음은 온라인상에서 이루어지는 만남의 한 형태처럼 삭제되고 복원되지 않는 것처럼 무가치한 죽음으로 문명의 힘이 죽음을 얼마나 무

가치하게 만들고 있으며 곧 이는 인간 존재에 대한 회의감과 슬픔으로 드러난다.

> 나는 죽음을 찬미하는 것이 아니다/목숨을 담보로/삶의 고통을 덜어내고자 함도 아니다/그저 마지막 길을 당당하게 걷고자 함이다/이제 모니터로는 남은 생을 기록할 수 없으니/내 몸에 부착된 고통의 계기판을 제거하고/가장 편안한 단추의 상복을 부탁한다/덩굴식물처럼 팔을 친친 감고 있는 링거줄/산소처럼 고요한 인공호흡기/울음 섞인 미음을 받아 삼키던 레빈튜브/충전이 바닥 난 심장을 감시하느라/한시도 모눈종이의 눈금을 벗어나지 못한/심전도 모니터링을 모두 제거해 주기 바란다/일체의 심폐소생술 또한 거부한다/사유의 파동이 사라진 육신의 신호음은/한낱 기계적 박동일 뿐이니/(중략)/내 죄 값을 흥정하는 비굴한 모습을 원치 않으니/침대 주변을 말끔히 정리해 주기 부탁한다
>
> –김연종, 「연명치료 중단을 告함」 부분

> –도대체 숨이 멈추질 않네요/(중략)/–당신들 이야기 다 들었어요/–이 한 몸 빨리 거두어 가야 현명한 판결에도 영이 서고 그동안 치료에 대한 노고도 인정받고 무엇보다도 눈물을 글썽이며 기도하던 가족들의 체면도 살려줄 텐데 말이죠/–아, 글쎄 죽기가 쉽지 않네요/–아무래도 죽음은 타협이 아니라 숙명인가 봐요/–의사들은 지독한 숙명론자라 들었는데, 이젠 정말 아무도 못 믿겠어요/–운명에 기대는 수밖에요/–한 숨 자고 나면

세상이 조용해질 텐데 도무지 잠이 오지 않네요/-링거액에 수면제나 좀 섞어 주세요/-인터뷰는 사절이에요

-김연종, 「독백」 부분

「연명치료 중단을 告함」이나 「독백」의 시적 화자들은 뇌사자들이다. 생명줄인 호스와 각종 의료장비를 철거당한 식물인간의 존엄사를 주장하여 의료기기들을 철거한 후에도 210일을 생존하여 사회에 파문을 일으켰던 사건을 다룬다.

이때 뇌사자들이 생명을 연장하는 것은 곧 의료기술의 발달과 더불어 제작된 의료기기들의 힘이다. 전문화된 의료기기에 삶을 의탁한 뇌사자인 시적 화자의 고백 투의 목소리는 의료기기를 철거한 상태에서도 쉽사리 죽지 않고 고통스러워하는 점을 부각한다.

연극 혹은 시나리오의 한 장면처럼 시는 시적 화자의 상황을 독백조로 진술함으로써 시적 구조와 긴장감을 높인다. 특히 논술시험 문제와 같은 제목(「〈존엄사와 안락사〉의 관점에서 주어진 지문을 분석하고 가장 소신 있는 의료행위를 행한 의사를 고르시오」)을 볼 때 타 장르를 시 장르에 도입하는 시인의 실험정신은 높이 살만하다.

김연종 시인은 감정을 절제하고 객관적인 시선으로 "죽음"이란 사유를 보여준다. 시인의 죽음에 관한 시적 행보는 우리로 하여금 삶과 죽음 그리고 "죽음"에 대한 판단 기준과 윤리적인 측면을 진지하게 생각하게 한다.

4. 자연에 대한 경외심- 박백남, 이춘희

박백남 시인과 이춘희 시인은 자연이라는 대상에 대한 경외감을 통하여 생명의 존귀함과 자연과 합일되는 세계를 선보인다.

> 죽순 속은 꽉 차있다 커가면서 속이 빈다 속 빈 놈 소리를 듣는다 어둠이 텅 빈 이른 아침에 대숲에 가서 대나무를 잡았다가 놓는다 대가 휘면서 하늘을 잡아당겼다 놓는다 대가 비잉신 소리를 낸다 원통형 대나무를 붙잡고 둥글게 살지 못하고 날 세워 산 세월, 병신 같은 나는 원통 원통해서 운다 대나무도 나 따라 속울음 운다 이상하게도 그 울음소리 참으로 맑고 청아하다 울음소리 따라서 대통 속으로 들어간다 이 텅 빈 세상, 온갖 탐심 비우는 게 얼마나 힘들던가 대나무는 얼마나 수도했으면 이처럼 비었을까 생각한다 벽을 보니 고막처럼 얇은 막, 때 묻지 않은 원시의 막이 있다 이 텅 빈 우주 속에 앉아 있으니 문득 하늘 바람 소리가 들린다 七星사이다보다 청량하다 내 마음 텅텅 비어만 간다
>
> -박백남, 「텅 빈」 부분

1997년 『문학사상』으로 등단하였고 시집 『석류꽃엔 눈물샘이 있다』를 출간한 박백남 시인의 시는 탄탄한 구성과 시적 소재에 대한 깊은 사유를 드러내고 있어 주목된다. 특히 자연과의 교감을 통하여 "비움은 곧 가득 참"이라는 불교적인 세계관

을 엿볼 수 있다.

「텅 빈」이라는 작품에서 대나무는 속이 빈 식물이다. 시적 화자가 바라보는 대나무는 "속이 비어서 속이 가득 찬 대상"이다. 대나무와 시적 화자인 "나"를 겹쳐 놓으면서 "욕심 탐심을 비우는 법이 얼마나 힘들던가"라는 진술로 금강경의 공사상과 같은 맥락의 사유를 풀어놓는다.

> 낭창낭창한 목소리로 책을 읽고 있었네//누굴까, 나의 생각은 들개처럼 소리를 쫓네/신선한 공기를 가로질러 그늘 지나/마악 꽃피는 다북쑥에 당도하네/누군가에게 들키고 싶지 않은/쑥스러운 거친 숨소리 문득 듣네/그 붉은 자줏빛 꽃향기에 은밀히 숨어서/꽃잎같이 가녀린 어깨/다독거리는 바람 만나네//다독다독/생명을 읽고 있는 나는/참으로 황홀경이네/들뜬 생각 이제야 자리를 잡네
>
> –박백남, 「꽃피는 다북쑥」 부분

시적 화자는 누군가 "책 읽고 있는" 소리를 듣는다. 시적 화자는 그 소리를 본능적으로 "들개처럼 쫓아가" 꽃이 피는 "다북쑥"까지 가 닿게 된다. 시적 화자는 다북쑥 무리에서 문득 책을 읽는 숨소리가 바람임을 알게 되고 시적 화자의 자연에 대한 새로운 발견은 주변의 대상들을 새롭게 인식하는 계기로 작동한다. 바람 소리를 통해서 시적 화자가 무심하게 보아 넘기던 보잘것없는 대상들의 신비와 마주치게 된다. 이때의 마주침은 곧 이전에 알지 못했던 생명의 경이로움을 통해 깊어지는

인식의 지점을 노래한다.

다북쑥을 바라보면서도 그 작은 대상에서 삶을 살아나가는 진리를 바라보는 시적 화자의 심미안은 더욱 확산되어 “생명을 읽고 있는 나는/참으로 황홀경”에 빠지게 되고 자기 반성의 행위를 통하여 “들뜬 생각을” 바로잡는 생활의 철학을 드러낸다.

> 백발의 사내가 야생의 바닷물을 염전에 가두고 있다//바닷물은 어쩐 일인지 숨죽이고 고분고분하다 햇살은 이런 싱건 놈, 물낯을 찰싹 때린다 바닷물이 하얀 이를 앙당 물고 스크럼 짜기 시작한다 스크럼 짠 어깨가 보도블록처럼 단단하다 그럴수록 햇살은 얼굴 붉히며 최루탄 쏘듯 불창을 던진다 불창이 물낯에 부딪칠 때마다 최루분말 뒤집어 쓴 바닷물은 흩어지기 시작한다 달아나는 바닷물의 몸과 마음이 칼날처럼 날 선다//마당에서 노파가 조선파를 다듬어 양푼에 넣는다 노인이 건네준 소금을 뿌리고 물을 약간 친다 물을 만나자 소금은 바다로 살아난다 시간이 흐른 후 양푼 속의 바다를 찍어 맛본다 입 안에 소금의 생피가 돈다
>
> –박백남, 「소금」 부분

「소금」에서도 소금이 다시 물을 만나면 바다가 되고 있으며, “소금의 생피”와 같은 비유를 통해 원시적이고 강건한 자연의 힘을 직시하는 시선을 보여준다. 이처럼 사물에 가 닿는 시적 화자의 시선은 보이지 않는 “고요”가 파르르 떨고 있는(「대우주를 흔드는 소우주」) 세계 즉 대우주와 소우주를 정면으로 비

로 보게 되는 시선으로 확장된다.

> 산발치에 당알당알 열린 호박을 보고 감자가 많이 달렸다는 그, 몇 번의 뇌수술 끝에 호박을 감자로 바꾸었다 이젠 담장 위에도 그를 위해 감자가 열리고 놀부는 감자를 타야 하리라 김동인의 소설 속에서 호박은 주저리주저리 익어야 할 것이고
>
> 지난겨울부터 그는 무수한 뇌리를 뒤엎어 버리고 묵정밭 같은 착각을 깨워왔다 그럴 때마다 나의 밭은 몇 모금의 링거 뒤에 가려진 채 식음을 전폐해야 했고 봄은 벚꽃부터 착각을 피워 올리기 시작했다 세상에 착각보다 오래된 따듯함이 있을까 어느덧 산책은 호박들을 벗어나고 있었지만 내 마음은 호박밭을 쉬 떠나지 못했다
>
> —이춘희, 「산책」 부분

『옷장 속의 옷』을 출간한 이춘희 시인의 작품세계를 들여다보면, 시 속에서 뇌수술을 받은 화자의 시선이 바라보는 세상을 드러낸다. 불가해하고 진리가 사라져버린 카오스적인 세계는 정답도 사라져버리고 오직 혼돈만 남아버린 세계다.

뇌수술을 받은 환자가 바라보고 경험하는 세계에서 언어란 한낱 기호로 전락하고 만다. 감자와 호박이 뒤바뀌는 이러한 불가능한 일이 현실에서도 실제로 존재하기 때문이다. 이처럼 뇌를 다친 자의 시선으로 바라보는 세계의 포착은 곧 병리적인 현상으로 가득 찬 현대사회의 구조적인 병폐를 은유적으로 드

러내는 데 적합한 시선임을 알 수 있다. 이러한 상상력은 곧 고정관념을 깨부술 때에만 시인에게 도착하는 세계다.

> 그의 지난밤 통증이 고단해서만도 아니다 내 몸속을 돌아 나온 모든 달콤함은 고통의 역설에 불과하며 의지는 늘 내 몸을 속인다 그의 고통을 속이고서야 비로소 나는 새로운 아침을 맞는다
>
> —이춘희, 「속이 달다」 부분

이러한 현실의 고통은 시적 화자로 하여금 곧 자연을 자주 접하게 한다. 인간 생명의 유한함을 자각하면서 허무를 자각한 시적 화자는 자연을 통하여 의연하게 생성되는 자연에 대한 경외심을 통해 현실의 고통을 위안받으려 하고 있다.

시적 화자는 오히려 긍정적으로 생에 대한 감사함을 느낌으로서 자신의 육체가 달다고 진술한다. 그렇다면 왜 단것일까? 그것은 몸속을 돌아나온 달콤함은 고통의 역설이며, 의지는 내 몸을 속인다고 역설적으로 고백하고 있음을 알 수 있다. 이러한 고백은 시적 화자로 하여금 인간의 육체에 대한 갈망이 영속적인 완전함을 지닌 자연으로 시선을 옮기고 있음을 알 수 있다.

> 따스한 상상이 꿈틀대는 숲은/몇 구절의 말씀으로 갈라졌다 다시 이어지고/호흡을 바꿀 때마다 잠시의 평온/아, 그러고 보면 겹겹의 숲은/내가 모르는 또 다른 생명의 갈피들이었구나/

내 안의 좀 더 은밀한 곳으로/순례를 하는 땀방울처럼/빛나던 날의 고뇌들이었구나/산 위의 바람이 갈증을 풀어주는/오전 한 때/가까운 곳의 새 울음이 여기저기 옮겨다니는/알 수 없는 시간들을 넘겨보다가/아주 잠깐의 지상으로 걸음을 돌린다

—이춘희, 「오전」 부분

나는 자주 그 열매들의 설교를 들으며 그곳을 드나든다/그 속으로 깃든 바람이/열매가 되는 잠언을 문지방 넘듯 드나든다/잎만 무성한 무화과라고 했던가/내 안에도 꽃을 건너뛰고/문지방의 교훈을 숙명처럼 끓이고 달여 온 날들 많았음일까/잎들이 밝혀주는 그늘 속으로 들어설 때마다/휴식을 내주는 나무의 말들/오늘도 나는 잎들의 푸른 설교가 수런거리는 고목 아래서/언젠가 잠언이 될 생각들을 익힌다

—이춘희, 「무화과」 부분

시적 화자가 마주하는 자연은 이제껏 시적 화자가 진지하게 사유하지 않았던 또 다른 생명의 갈피들을 사유하게 한다. 그리고 시적 화자는 자연을 통해 얻은 위안의 힘으로 다시 의지를 지니고 지상으로 걸음을 옮기고 있다. 자연으로 표상되는 바람은 내 안의 고뇌와 갈증을 풀어주는 대상이며 새 울음과 숲은 시적 화자에게 새로운 생의 활기를 되찾게 해주는 공간임을 알 수 있다. 이처럼 이춘희 시인에게 자연은 무궁하게 생성되는 재생과 위안의 공간이다.

달걀을 부친다/들꽃이 핀다/뜨거운 팬 위에서 둥글게 익어 가는,/혹시 저 망초꽃도/식욕 속에서 피어나면 달걀 프라이가 될까/노란 씨방 둘레에 하얀 꽃잎들 보글거린다/꽃소금 살짝 그 위에 흩뿌린다/밋밋한 시간들 간삭은 입 안에 감친다

—이춘희, 「망초꽃」 부분

박백남 시인이 자연에 대한 새로운 발견을 통하여 주변의 대상들을 새롭게 인식하는 계기로 작동하여 생명의 경이로움을 통해 깊어지는 인식의 지점을 노래하고 있다면, 이춘희 시인에게 자연은 시적 화자의 고뇌와 갈증을 풀어주는 대상이며 생의 활기를 되찾게 해주는 재생과 위안의 공간으로 파악된다.

이제까지 마루시 첫 동인시집을 살펴보았다. 8명의 동인이 풀어내는 시 세계의 다양성과 더불어 독특한 시적 성취가 어우러지고 있다. 그 파장은 겹쳐지거나 각각 굴절의 각도로 뻗어나가면서 조화의 결을 만들어 나가고 있다. 동인의 무한한 발전을 바란다.

문학의전당 · 동인시집

떨어지는 열매들은
뿌리를 향해 기억을 눕힌다
마루시 제1시집

초판인쇄 2010년 12월 13일
초판발행 2010년 12월 19일

지 은 이 이광복 외
펴 낸 이 김충규
펴 낸 곳 문학의전당
출판등록 제387-2003-00048호(2003년 9월 8일)

주 소 121-718 서울특별시 마포구 공덕2동 404번지 풍림VIP빌딩 202호
전화번호 02-852-1977
팩시밀리 02-852-1978
블 로 그 http://blog.naver.com/mhjd2003
전자우편 mhjd2003@naver.com

I S B N 978-89-93481-78-5 03810